JN164784

みんなの場にそろって
会えそうな人に会って
汗をかく人が
グズグズから抜け出す。
ゆ谷の音らてない

この本は３人のために書きました。

❶なかなか行動に、移せない人。

❷自分では早くしているつもりが、遅いと言われる人。

❸スピードより、正確さを叩《たた》き込まれてきた人。

プロローグ

グズグズする人は、お詫《わ》びで、その場を乗り切ろうとする。

グズグズする人は、お詫びが多いのです。

失敗が多いからではありません。

うまくいかないことがあった時に、お詫びで乗り越えようとするのです。

お詫びしている人は、反省していません。

お詫びの後に、「でもね……」と続きます。

「1ついいですか」と、続きます。

お詫びの後には言いわけが来るのです。

お詫びは、言いわけをするための前振りとして持ってきているだけなのです。

お詫びをする人の特徴は、「すみません、すみません」と、「すみません」を2回言うことです。

「すみません、すみません。ただ、言わせていただければ、なぜこうなったかというと……」と、続きます。

グズグズする人にとって、お詫びは「自分は悪くない」「悪いのはほかの人だ」「仕方のない状況だった」という意味です。

「自分は悪くない」と言う人は、今まで間違う体験をしてこなかった人です。

過去に間違う体験をしている人は、間違ってもやり直せばいいとわかっています。

優等生で育ってきたいい人は、「一度間違ったら、この世の終わり」と思っています。

相手から「ダメなヤツ」と思われて、切り捨てられるという不安があるのです。

「すみません、すみません、私が悪いのではないのです。だから、切り捨てないでください」と言うのです。

グズグズの根本は、「切り捨てられることへの恐れ」です。

子どもの時から間違ってばかりいる人は、間違っても切り捨てられないことが体験上わかっています。

そういう人は、グズグズしなくなります。

優等生ほど、グズグズします。

まずは、お詫びで逃げることをやめることです。

グズグズしない人は、お詫びをしないのです。

グズグズしない人の習慣

01

お詫びで、ごまかさない。

グズグズしない人の61の習慣

□ 01――お詫びで、ごまかさない。
□ 02――クレーム・要約・感想を言わない。
□ 03――精神論を、言わない。
□ 04――自分から弱者の側に立たない。
□ 05――「本当は○○だと思っていた」と言わない。
□ 06――恥をかこう。
□ 07――恥を感じよう。
□ 08――人との出会いを逃さない。
□ 09――パーティーでは、人と話そう。
□ 10――先生の見ている方向を、見よう。
□ 11――開演ではなく、開場時間に行く。

□ 12 ――「疲れた」と言わない。
□ 13 ――「好き」よりも、リスペクトを持とう。
□ 14 ―― 自分の神様を持とう。
□ 15 ―― 先生も上司も、「しょせんお客様」と思おう。
□ 16 ―― 神様の友達の人と仲よくなろう。
□ 17 ―― 質問の質問をしない。
□ 18 ―― 自分の神様を見よう。
□ 19 ―― 答えより、発想を学ぼう。
□ 20 ―― キャンセルを前提にしない。
□ 21 ―― 行けなくなっても、返金を求めない。
□ 22 ――「何をするか」を自分で考えよう。
□ 23 ―― 問うのではなく、答えよう。
□ 24 ―― 特典を期待しない。
□ 25 ―― すでにしてもらっている特典に、気づこう。

□ 26――特別にしてもらったことに、気づこう。
□ 27――目をそらさない。
□ 28――お金を出し合って、先生を呼ぼう。
□ 29――ペンをさっと持とう。
□ 30――行動してから、準備をしよう。
□ 31――匂いをかごう。
□ 32――質問する時は、自分の仮説を持とう。
□ 33――教わる準備をしよう。
□ 34――わざと、遅くしようとしない。
□ 35――ペンディングなら、断ろう。
□ 36――掃除をしよう。
□ 37――形容詞より、動詞を入れよう。
□ 38――計画に固有名詞を入れよう。
□ 39――忙しいのにしてくれたことに感謝しよう。

□ 54——自分の仮説を持とう。
□ 55——最前列に座ろう。
□ 56——いいことが起こった時に、グズグズ言わない。
□ 57——イエスマンになるより、協調性を持とう。
□ 58——手数を増やそう。
□ 59——なぜ会ってくれるかを考えよう。
□ 60——会ってもらえる理由を伸ばそう。
□ 61——笑うことで、素直になろう。

● 目次

第2章　モタモタしないことで、リスペクトが生まれる。

——神様とつながるチャンスをつかむ。

第3章

グズグズしないことで、人生が楽しくなる。

――ワクワクすることにお金を使える。

第4章

自分の感覚を、優先しよう。

―――いつでも準備はできている。

第5章 一歩手前のグズグズを、解決しよう。

——ちょっとした工夫で改善できる。

第6章 リスクは、怖くない。
――仮説を追いかけてみよう。

第7章 相手の利益のために、行動できる。

——グズグズを選択しない生き方。

グズグズしない人の61の習慣

第1章

グズグズしないことで、成長できる。

――グズグズしている自分に気づく。

気づける人は、グズグズしない。気づきとは、自分の成長のために、「次はこうしよう」と考えられることだ。

授業の終わりに、いつも塾生に今日気づいたことを聞きます。
塾生が、あるイベントを見に行きました。
私は「何か気づいたことは？」と質問しました。
そこでの気づきから、自分の学び、成長につながるのです。
気づいたことは「席が横のほうで見えにくかった」でした。
それでは元をとることはできません。
それは気づきではなく、クレームです。

「気づき」の定義が間違っているのです。

気づきを聞くと、多い答えがクレームです。

クレームを言う人は、常に「自分が弱者として虐《しいた》げられている」という気持ちがあります。

発想の根本が、「自分は被害者」です。

自分が弱者で被害者であることを確認するために、クレームを言うのです。

2番目に多いのが「要約」です。

授業で話したことを、そのまま要約するのです。

それは気づきではなく、「記憶」です。

3番目に多いのが「感想」です。

世界大会を見に行って「きれいでした」と言うのは、気づきではなく、ただの感想です。

感想も要約も、いりません。

気づきとは、自分の成長につながることです。

体験をした時に、
① 気づく人
② スルーする人
の大きく2通りに分かれます。

気づきの中にも、自分の成長につながることと、つながらないことがあります。

自分の成長につながらないことは、クレーム・要約・感想です。

講演での気づきで、講師が話したことを要約する人がいますが、それは学校の感想文の書き方です。

「気づき」とは、言っていないことを自分に関連づけて思いつくことです。

グズグズしない人の習慣

02

クレーム・要約・感想を言わない。

成長につながる気づきとは、具体的な作戦だ。

自分の成長につながる気づきは、「今度同じ状況になった時にこうしよう」という作戦です。

「精神論」は作戦になりません。

「頑張ります」と言うのは、精神論です。

きれいごとの精神論を語る人が、一番グズグズする人です。

本人の中でヤル気を見せているようですが、「具体的な作戦」が何もないのです。

新幹線に乗った時のことです。

間もなく駅に着くという時に、私の隣にスーツケースを持った外国人男性が立っていました。

位置的に、どちらが先に降りてもいい状況です。

私が「駅に着いたら譲ろう」と思っていると、その外国人男性は、着く前に「どうぞ」と言ってくれたのです。

私は、痛く反省しました。

駅に着くまで譲《ゆず》るのを待っていたことで、先を越されてしまったのです。

「次からは、駅に着く前に、先に『どうぞ』と言おう」と決めました。

これが具体的な作戦です。

同じ体験をしても、精神論の人は「今度から気をつけよう」とか「今度から気くばりしよう」と言っても、「何に」がないのです。

精神論を言っている限り、いつまでたってもグズグズを抜け出せないのです。

グズグズしない人の習慣

03 精神論を、言わない。

不平を言っているうちは、成長しない。

不平を言っている人は、グズグズする人です。

グズグズする人は、「自分が成長しないのは、自分が被害者だからだ。だから仕方がない」と、最初から被害者側のスタンスに立っています。

たとえば、男性に「日本が一夫多妻制になったらどうするか」という質問をすると、「困ります。反対。だって、カッコいい人にとられるじゃないですか」と言うのです。

「自分のところにはまわって来ない」と、最初から決めているのです。

すべてのグズグズの原因は、1人1人に配給されないことへの不満です。

グズグズしている女性は、「どうせ男の人は、いい女のほうがいいんでしょう」と言います。

いい女になる努力をすればいいのに、最初からあきらめているのです。

「どうせ男の人はスタイルのいい人がいいんでしょう」と言います。

でも、スタイルのいい人は、スタイルがよくなるための努力をしています。

痩せるための工夫をしたり、細すぎる人は筋肉をつけるための工夫をしているのです。

遺伝の影響は10代までです。

そこから先は本人の努力次第です。

被害者の側にまわるのは、自分が努力を放棄《ほうき》するための便利な口実になっているのです。

グズグズしない人の習慣

04

自分から弱者の側に立たない。

グズグズする人は、二択が苦手。

グズグズする人は、ランチのA定食かB定食かを、なかなか決められません。

理由は簡単です。「どちらかを選んで嫌われたらどうしよう」と考えるからです。

グズグズする人の最も苦手な問題は、記述式でも複数選択式でもなく、二択です。

4つのうちから1つ選ぶのは、間違ってもなんとなく気がラクです。

「○か×か」「AかBか」で一番追い込まれるのが、グズグズする人の特徴です。

『アメリカ横断ウルトラクイズ』では、1問目が自由の女神に関する○×問題です。

東京ドームで「○」か「×」かに分かれる時に、一番盛り上がるのです。

面白いことに、スーツケースを転がしながら、真ん中あたりを行ったり来たりしている人がいます。

「本当は『○』だと思うんだよね」と言いながら、「×」へ行くのです。

自信を持って「×」に行くのではありません。これが「グズグズ」です。

「本当は別の仕事をしたかった」と、ずっと言い続けている人も同じです。間違った選択をした時に、「やっぱりあっちだと思っていた」と言うのは潔《いさぎよ》くありません。

何よりも、その人は学習しなくなります。

自分は間違っていると思っていないからです。

その人は常に自分の失敗を認めないのです。

「○」なら「やっぱりね」と言うのです。

グズグズは、「まわりに失敗と感じさせないようにすること」が第一なのです。

グズグズの最大のデメリットは、成長がないことなのです。

そういう人は成長しません。

グズグズしない人の習慣

05

「本当は○○だと思っていた」と言わない。

恥をかいた数だけ、成長できる。恥をかいた人は、グズグズを抜け出す。

成長するために必要なのは、
① ふだん入れない場所に行って、
② ふだん会えない人に会って、
③ 恥をかくこと、です。

グズグズする人は、「積極的に行動します」と言います。

「行動する」と言う人は、恥をかけません。

恥をかかないように行動するからです。

恥をかきそうな時は、やめておきます。

恥をかかないためには、レベルを下げればいいのです。

二流のところに行けば、恥はかきません。

自分が勝てるし、自慢できます。

一方で、自分より上のレベルのところに行くと、恥をかきます。

これで成長していけるのです。

恥をかくことは痛いことです。

恥をかく痛みに耐えられることが、「グズグズしない」ということです。

「どこまで行ったら恥をかかないですむか」ではなく、成長し続ける限り、永遠に恥をかき続けます。

一流の人たちは恥をかかないかというと、そんなことはありません。

エレガントとは、恥をかけることであり、恥を知っていることです。

常に自分に納得がいかないのです。

菜々緒さんは、自分に対して「納得いかない」と、ずっと言っています。

抜群のスタイルで、「スタイルに納得いかない」と言っているのです。

一方で、「私はまあまあイケてる」と納得して、自分をＳＮＳに上げている人もいます。これが「ナルシスト」です。

ナルシストは、恥ずかしさを知らない人のことです。

自分よりレベルの下の人たちから「いいね！」をもらうことに喜びを感じる人には成長はありません。

成長している人は、自分より上の人のいるところに行って恥をかきます。

恥をかくと、人間は、ほっといても行動するのです。

グズグズしない人の習慣 06

恥をかこう。

グズグズな人は、ボロボロな財布を使っている。

モテない男性の共通点は、財布がボロボロなことです。

2つ折りのビニールの財布で、折り目のところに糸が出ています。

しかも、使わないカードでパンパンです。

成長する人は、「あっ」と言われた時に「恥ずかしい」と感じることができます。

「恥ずかしい」と思ったら、即、捨てます。

恥を知らない人は、「あっ」と言われた時に、「これ、10年使っているんだよ」と、むしろ自慢げに言っています。

「カードがいっぱい入っていて、オシャレですね」と、ほめられたと勘違いしているのです。

グズグズしない人の習慣

07

恥を感じよう。

グズグズする人は、まわりの目線を気にしているわりには恥を知りません。
恥ずかしいと思ったら、グズグズしているヒマはないのです。
たとえば、ビニール傘は、恥ずかしくない人は少しも恥ずかしくありません。
家にあるビニール傘の中では、いいほうと思って使っています。
骨が1本折れていても平気です。
「2本折れたら捨てる」というのが、その人の基準です。
ビニール傘は、たまたま雨が降った時にコンビニで買うものです。
ずっと使うものではなく、家から持って出るものでもありません。
誰でも知らずしらずのうちに恥ずかしいことをしてしまうことがあります。
恥ずかしいことをしていることに気づく、感性を持つことが大切なのです。

問題意識を持つことで、受け身でなくなる。問題意識とは、自分の成長に必要なことは何かを学ぼうとしていること。

バレエを見に行った時に、知り合いの人から「バレエを勉強している子たちなので、中谷さん、教えてあげてください」と、2人組の女の子を紹介されました。

「初めまして」と挨拶して、その2人の隣に座って鑑賞しました。

休憩時間になりました。まったく何の質問もされません。

2人はずっとパンフレットを読んでいます。

せっかくの学べる機会を生かしていないということです。

きちんとした先生であればあるほど、自分からは教えません。

聞かれたら教えますが、聞かれないことは教えないのです。

聞かれないのに教えてくるのは、ゴルフ場の打ちっ放しにいるめんど臭いオヤジです。聞いていないのに教えてくる人の話は、参考になりません。

せっかく紹介してもらった人がいて、わからないことを聞く機会があるのに、パンフレットに逃げていたのではもったいないです。

グズグズするというのは、逃げることです。

その機会を「千載一遇《せんざいいちぐう》のチャンスだ」と思って生かさないのです。

2人とも聞きたいことがあるなら、「先生、よかったら間に座ってください」と言って、何でも聞けばいいのです。

たとえば「バレエは、先生はどこを見ているんですか」というのも1つの質問です。

そんな話はパンフレットに書いてありません。

生身の先生が隣にいる時は、パンフレットを見ている場合ではないのです。

京都に、住友の美術コレクションを展示している泉屋《せんおく》博古館があります。

私は、学芸員の實方葉子《さねかたようこ》さんを紹介してもらいました。『木島櫻谷《このしまおうこく》展』を見に行った時、ご挨拶だけしようと思っていたら、2時間も話してくださいました。

『日曜美術館』にも紹介され、紅葉の季節で来館者も多く忙しい時でした。

實方さんが案内してくださるということなので、私は後のスケジュールをパスしました。芸術を愛している学芸員の人が、生身で説明してくれる機会は千載一遇だからです。人生において、人との出会いはその時しかありません。

グズグズする人は、千載一遇のチャンスを生かせない人なのです。

グズグズしない人の習慣

08

人との出会いを逃さない。

パーティーを、食べ放題ビュッフェにしない。

ビュッフェ式のパーティーで、食べてばかりいる人はグズグズの人です。

そういう人に限って、「中谷先生、お帰りです」とアナウンスされた時に、「ああ、話したかったのに」と言います。

その人は、その時、お寿司の列に並んでいました。

私と話すことは、優先順位としてはお寿司の次です。

お寿司に並んで、お寿司を食べた後の順位として「話したかった」にすぎないのです。

私は、パーティーではいっさい食べません。

人と話したり、会う社交場だからです。

お寿司をとってきてくれなくていいから、質問があれば何でも言ってほしいのです。

お寿司を持ってきてもらうことより、問題意識を持って質問してもらうことのほうが、私はうれしいです。

料理を食べている人にとっては、パーティーはただの食べ放題ビュッフェです。

「一緒に写真を撮ってください」と言われるよりも、質問してもらうほうがうれしいです。

「すみません、お写真いいですか」

と言って一緒に写真を撮って、

「これ、フェイスブックに上げていいですか」

「いいですよ」

「ありがとうございます」

と言って離れていく人がいます。

これは千載一遇の出会いになっていません。

一期一会《いちごいちえ》のチャンスを生かしきれていないのです。

グズグズしない人の習慣

09

パーティーでは、人と話そう。

「一期一会」とは、もう一生会えないということです。
グズグズしない人は、一期一会のチャンスを生かすのです。

師を見るにあらず、師の見る世界を見るべし。

グズグズする人は、「だって私は先生を見ているから。先生が好きだし、リスペクトしているから」と、先生を見ます。

グズグズしない人は、先生の見ているところを見ます。

「これからあの山へ登るぞ」「あの山をこのコースで行くぞ」という時に、先生の顔を見ていても仕方がありません。

「すみません、トイレの場所はどこですか」と聞く時は、「あっちに行って、あそこに絵がかかっている角がありますよね、あれを左に曲がって」と、説明してくれる人の顔を見ていても行き方はわかりません。

相手の顔ばかりを見るのは、ただのファンです。

リスペクトがある人は、先生が指摘している方向を見ます。

ファンは、先生とつながりたいと思うから、「先生、私の顔を見て」「ちっとも顔を見てくれない」と言います。

かまってもらうことが最上位の目的であって、成長することが最上位の目的ではないのです。

先生とは、同じ方向を見た経由でつながれます。

結局つながっているのです。

ところが、顔を見ている人は永遠に見てもらえません。

かまってもらいたい人は、次にお土産《みやげ》を持ってき始めます。

お土産でつながろうと考えるからです。

目的地や、先生が見ている方向を見ない人は、お土産が増えてくるのです。

習いごとにお土産はいりません。

ある生徒が、授業の前に私に飲み物を持ってきてくれました。

私はそれを机の上に置いて、授業を始めました。

すると、授業中に、「質問、先生はなんで飲んでくれないんですか」と聞かれました。

その生徒にとって、自分が持ってきたものを飲むか飲まないかが今日の最大のテーマであって、授業の中身はどうでもいいのです。

これがグズグズする人です。

グズグズしないためには、常に先生の見ている方向を見ることが大切なのです。

グズグズしない人の習慣 10

先生の見ている方向を、見よう。

第2章

モタモタしないことで、リスペクトが生まれる。

――神様とつながるチャンスをつかむ。

「一緒に連れてってください」と言いながら遅れてくる人は、次回、誘ってもらえない。

「私も一緒に連れてってください」と言いながら遅れてくる感覚が、「グズグズ」です。それは連れていってもらうことに対するリスペクトがないのです。グズグズで一番象徴的なのは、待ち合わせに遅刻することです。遅刻する人は、生き方自体がグズグズしています。自分が一人で待つ側になると寂しいから、自分が待たなくてすむように遅れていくのです。

「道が混んでいた」とか「電車を間違った」とか言いますが、すべてわざとです。

野球もボクシングもサーカスも、始まるまでの時間は楽しい時間です。開演時間に来る人と開場時間に来る人とで、圧倒的に分かれるのです。

グズグズしない人の習慣

11

開演ではなく、開場時間に行く。

椅子に座りたいと言う人は、縁日に連れていってもらえない。

縁日に行く時に、グズグズする人も「行きたい。連れてって」と言います。

自分から「一緒に行かない？」とは言いません。

常に受け身なのです。

縁日でグズグズする人は、「座りたい」「疲れた」「人が多い」です。

椅子が置いてあると、椅子の取り合いになります。

縁日での椅子の取り合いほど、せせこましくて情けない気持ちになることはありません。

パーティーで座れない時も、「椅子が足りない」と、文句を言うのです。

チャンスをつかめる人は、また誘ってもらえる人です。

誘ってもらうことで、行動する機会と人との出会いが広がっていきます。

その1つの象徴が、縁日に誘ってもらえるかどうかです。

縁日でグズグズする人は、「あれ食べたい」と言って買ったのに、すぐに食べません。

縁日は、屋台でつくったアツアツのできたてを食べるのがおいしいし、楽しいのです。

すぐに食べないのは、椅子を探しているからということもあります。

時間がたつと、どんなものでも冷めておいしくなくなります。

それをひと口食べて、連れに「あげる」と言うのです。

しかも、大盛りです。

話すことも「人が多い」「店のダンドリが悪い」「外国人観光客が多い」……と、文句ばかりです。

この人は、次は誘ってもらえなくなります。

そうやって、まわりから人がいなくなっていきます。

縁日に誘ってもらえるかどうかが、いろいろなイベントごとに誘ってもらえるかどうかの分かれ目なのです。

グズグズしない人の習慣

12

「疲れた」と言わない。

グズグズする人は、リスペクトがない。「リスペクト」とは「その人から教わるのは最後かもしれない」という覚悟。

リスペクトがあると、グズグズしなくなります。

リスペクトの定義は、「その人から教えてもらえるのは今日が最後かもしれない」という覚悟です。

ふだん会ってもらえない人に、せっかく会っているのです。

「先生の本をほとんど読んでいて、ファンなんです」と言うのは、単なる「好き」です。

「好き」と「リスペクト」は違います。

「こんなに好きだから、会ってください」と言いますが、リスペクトがあれば、不用意にそんなことは言えないのです。

中谷塾に、作家の大城太《おおしろだい》さんが来てくれたことがあります。

大城さんは、華僑《かきょう》の金銭哲学のプロフェッショナルです。

せっかくだから、みんなにひと言、アドバイスをお願いしました。

大城さんは、「塾に来ている人たちは簡単に中谷先生に会えると思って油断している。自分は緊張のあまり吐きそうです」と、叱責《しっせき》してくれました。

大城さんのリスペクトがわかります。

会えるのは、相手が会ってくれているのです。

それに甘えてはいけないのです。

「予算がないんですけど」と言うところに講演に行くと、「お忙しいんですか」という聞き方をされます。

その聞き方には、リスペクトがないのです。

グズグズする人は「好き」が優先します。

「好き」には「リスペクト」はついてきません。

自分が「好き」と「リスペクト」とを混同していることにも気づいていません。

リスペクトがあると、モタモタしていられなくなります。

好きな人といる時は、もっと長時間一緒にいたいので、グズグズします。

リスペクトがある人は、グズグズしていたら二度と会ってもらえません。

「好き」と「リスペクト」とは真逆のことです。

「好き」でグズグズする人と、「リスペクト」でグズグズしない人とに分かれるのです。

グズグズしない人の習慣

13

「好き」よりも、リスペクトを持とう。

上司より、上位概念を持つことで、グズグズしない。

私は信仰の篤《あつ》い家で育ちました。
すべての上位概念《じょういがいねん》は神様です。
神様の次に怖い存在は、親です。
それからずーっと下がって、上司です。
だから、上司にやいやい言われても、まったく平気でした。
神様のほうが、もっと怖いからです。
上司に文句を言っている人は、上司が最も怖い存在です。
上司が自分の中で最上位なのです。
その人は「自分の神様」を持っていません。

グズグズしない人の習慣

14 自分の神様を持とう。

信仰心のある人は、グズグズ言わないのです。

どんな宗教であれ、上位概念の基準は自分の神様です。

西洋人が負けず嫌いなのは、負けず嫌いでないと生きていけないからです。

大陸には巨大生物がいるので、敵が巨大です。

日本は島国なので、巨大な生物も巨大な悪もいません。

島国は逃げられないからです。

大陸はどこまでも逃げられるから、巨大な悪が育つのです。

巨大な悪と戦っているうちに、「負けてはいけない」という根性がつきます。

ここで「私が一番」という勘違いが起こります。

勘違いを正すために、一神教の絶対神が生まれました。絶対神が存在することによって、人間はおごり高ぶりを抑《おさ》えて謙虚になることができるのです。

謙虚であって、萎縮しない。

グズグズしている人は、謙虚さがありません。
グズグズしているのは萎縮《いしゅく》しているからです。
「謙虚」と「萎縮」は違います。
謙虚とは、アウトプットよりインプットが多いことです。
インプットしても、それを出しません。
知っていても、知ったかぶりをしないのです。
萎縮している人は緊張しているので、インプットがなくなります。
アウトプットもインプットもない状態が「萎縮」です。
上司に対してグズグズ言わないためには、まずは自分の神様を持つことです。

グズグズしない人の習慣

15

先生も上司も、「しょせんお客様」と思おう。

私は学校の先生にも文句を言ったことはありません。
親のほうが怖いからです。
上流階級の家は、親が誰よりも一番怖いのです。
その上に、神様がいるのです。
グズグズする人が一番怖いのは、学生時代は先生で、会社に入ると上司です。
だから、上司に対して陰でグズグズ文句を言うのです。
文句が出るのは、相手が自分を支配する側にいると思うからです。
「お客様」と思えば、文句は何もありません。
「お客様、勉強詳しいな。お世話になってます」という感じでいられます。
そこには文句もグズグズも生まれないのです。

グズグズする人には、神様と他人の間の人がいない。

グズグズする人は、世の中の人を、

① 神様

② 他人

の2通りに分けています。

神様か他人かは、見ればすぐにわかります。

パーティーで会った人に対して、「先生だけど、神様というほどじゃない」「この人は神様じゃない。それだったらお寿司に並ぼう」と思うのです。

グズグズしない人は、神様と他人の間に、もう1つのジャンルを持っています。

それは、「神様の仲間」です。

神様とつながっている神様の仲間です。

神様の仲間とは友達になっておいたほうがいいです。

神様は少ないですが、神様の仲間は圧倒的に多いからです。

「神様ではないけれども、この人は神様の仲間かもしれない」と考えると、必ずしも他人と言い切ることはできません。

名刺に「神様の仲間」とは書いてありません。

そう考えれば、世の中から他人という存在は消えるのです。

「世の中には、神様と神様の仲間がいる」と考えるのが、グズグズしない人です。

そうすると、パーティーで人と出会った時に話をしようとします。

一流の人や教えを請《こ》いたい人と会った時に、質問する勇気がない人は、お寿司に並びます。

パーティーにおいて、お寿司は、グズグズしたい人にとってはいい言いわけです。

「さっとお寿司を食べて、その後、質問しようと思ったんですけど、お寿司の列が思いのほか長くて」と言う人に、「いや、お寿司の後、カレーに行ってたじゃない」と言うと、「カレーがなくなりそうだったんですよ」と言われました。

この人は、「食べ物がなくなった。しようがないからそろそろ先生の話でも聞くか」と、食べることより人と話すことのほうが順位が低いのです。

オシャレなパーティーほど、食べ物がそもそもありません。

食べ物が潤沢《じゅんたく》にあるということは、ダサいパーティーです。

それは、単なる食べ放題です。

食べ物や椅子が多くて、予算がかかっているパーティーほどダサい会になります。

主催者は、パーティー会場をビュッフェにしないことです。

人との出会いが生まれるオシャレなパーティーには、椅子もいらないのです。

グズグズしない人の習慣

16

神様の友達の人と仲よくなろう。

グズグズする人は、質問の質問をする。

「質問どうぞ」と言った時に、

「すみません、少し抽象的になるかもしれないですけれども、いいですか」

「個人的な質問をしていいですか」

と、質問の質問から始まる人がいます。

これは、不正解を恐れているのです。

『『具体的な質問をできないダメなヤツだ』と思って切り捨てられたらどうしよう」

と思うから、予防線として、

「すみません、抽象的な質問なんですけど、いいですか」

と、先に自分でつぶしておくのです。

講演会で、「すみません、3つお聞きしていいですか」と質問する人がいます。

「いきなり3つ質問して、『めんどくさいヤツだ』と思われたらイヤだ」と思って、めんどくさい質問をしてくるわけです。

これは、ムダなやりとりが生まれています。

忙しい相手に一番大切な質問を最初にぶつけるのが、問題意識であり、リスペクトです。

グズグズする人は、たとえば30分の個人レッスンでも、25分間さんざん質問しておきながら、最後の5分で「一番聞きたいことなんですけど……」と言います。

講演会では、

「それでは、そろそろ質問タイムを終わりにしたいと思います」

と言うと、

「残念、これを一番聞きたかったのに」

と言います。

なかには、「それでは、先生はこれで帰られます」と言った時に、

グズグズしない人の習慣

17 質問の質問をしない。

「すみません、1つ質問いいですか」

「さっきの質問タイムで手を挙げてなかったよね」

「個人的なことなので、みんなのところで聞いたら悪いかなと思って」

と言う人がいます。

間違うことを恐れて質問の質問をしている人は、大切な質問が永遠に出てこないのです。

グズグズしている人は、緊張感がない。緊張感を持つには、上の人を見ること。比べるのではない。

グズグズする人には、緊張感がありません。

そのため、遅れても、グズグズしても、早くしなくても平気になるのです。

「緊張感を持つにはどうしたらいいですか」と聞く人に、

「もっと上の人を見てごらん」とアドバイスをした時、

「私、人と比べるのはあまり好きじゃないんです」

「誰が上の人と比べなさいと言った？　上の人を見ようと言ったんだよ。君にとって上の人は誰？」

グズグズしない人の習慣 18

自分の神様を見よう。

「自分の神様です」

「あなたは神様と比べるのかな」という面白い展開になりました。

自分と神様を比べるのはＮＧです。自分の神様を見ると、「自分は恥ずかしい。こういうことができていない」と思えます。

尊敬する人は、自分の神様と同じです。私は、「尊敬する人と比べよう」とは言っていません。「尊敬する人を見よう」と言っているのです。

講演会で、「どうしたらモテるようになりますか」という人の質問に対して、櫻井秀勲さんが、「何を言っているんだ。この人を見ろ」と私を指さして言ったことがあります。これが正しいのです。


尊敬する人を見ることで、「あ、まずい」と、自分のなすべきことがわかります。それが緊張感につながるのです。

「どうしたらいいですか？」より「尊敬する○○さんなら、こうするだろう」。

グズグズする人は、「じゃあ、どうしたらいいんですか」と怒ったように聞きます。

たとえば、お客様から「まだ商品が届かないんですけど」と、クレームを言われました。その時に、「わかりました。どうしたらいいんですか」と、お客様に聞くのはグズグズの人です。

グズグズしない人は、「こんな時、尊敬する○○さんだったらこうするんじゃないかな」と考えます。

グズグズする人は、「尊敬する○○さんに聞いてみよう。でも、どうやって会えばいいいんだろう」と考えます。

上司のことを尊敬しているなら「上司に聞いてみよう」ではなく、「あの上司だったらきっとこうするに違いない」と考えればいいのです。尊敬するということは、その人の発想が自分の体に入って分身化するということです。

尊敬する人がどうするかわからないというのは、本当に尊敬しているとは言えません。

「きっとこうするんじゃないか」という考えは、間違っていてもいいのです。

グズグズする人は、常に「尊敬している」と言いながら、尊敬する人に答えを求めます。

グズグズしない人は、尊敬する人の発想を自分の中に入れているので、迷いがありません。「あの人だったらきっとこうするに違いない」と考えることが、常に自分が尊敬する人と一緒にいるということです。

自分の中に意中の人を持てばいいのです。

意中の人を持つことは、自分の心の中に尊敬する人の発想を持つということです。

その時々の状況によって答えはみんな違います。

常に尊敬する人の答えを求めるより、自分の発想を持つことです。

本の中に書かれているのは、問いかけであり、発想です。

答えは書いてありません。

『面接の達人』以来、「模範解答が載っていないんですけど」と言う人が、ほかの本に対してもいまだにいます。「どこを覚えればいいですか」と聞く人もいます。

本は、覚えるものではありません。その人は、暗記本と間違えているのです。

授業を受けたり、講演を聞く時でも、答えを聞こうとしないことです。

ネットには、情報という答えがあります。

人間からは、発想や思考法を学ぶことが大切なのです。

グズグズしない人の習慣

19

答えより、発想を学ぼう。

第3章

グズグズしないことで、人生が楽しくなる。

——ワクワクすることにお金を使える。

「いつまでなら、キャンセルできますか」と聞く人は、誘ってもらえない。

旅行を申し込む時に、グズグズする人は、最初に「いつまでにキャンセルすれば費用が戻りますか」という確認をします。

こういうタイプは旅行代理店の人に愛されません。

セミナーの申し込みでも、これをする人がいます。

何かしようとする時に、常にキャンセルを前提にしているのです。

パーティーで先にお金を振り込んでおく場合の時も、「当日行けるかどうかわからないので、何日前までに行けないことを連絡すればお金は戻ってきますか」と、確認するのです。

そういう人は来なくていいのです。

グズグズしない人の習慣

20

キャンセルを前提にしない。

食事を誘った時に、「行けたら行く」と言っているのと同じです。
ホテルやレストランでも、常にキャンセル料のことが頭にあるのです。
たとえば、2日前までにキャンセルして、料金が戻ってきました。
本人の中では「損しなくてよかった」と思っています。
ただし、お店側には「あの人はキャンセルする人」という記憶が残ります。
ここで信用を落としていることに、本人は気づいていないのです。
キャンセルする人は、「たまたま今回は都合がつかなくて」と言いますが、違います。
キャンセルが1回だけの人は、いません。
1回する人は、2回も3回もします。
キャンセルしない人は、一度もしないのです。

旅の楽しみは、申し込んだ時点から、始まっている。

旅行代金を払った後に、行けなくなることがあります。

この時、「料金を返してください」と言う人と言わない人とに分かれます。

「返してください」と言わない人は、申し込んだ時からワクワクして、旅行した気分になっています。

それだけで十分楽しめて、元をとっているのです。

こういう人なら、また誘いたいです。

グズグズな人が申し込みがなかなかできないのは、行けなくなった時に返金してもらえるかどうか心配だからです。

お金のことしか考えていない人は、申し込んでから実行までの間、ただヒヤヒヤしているだけです。

まったく楽しくありません。

「その日に残業が入ったら、事前に振り込んだお金がパアになる」というヒヤヒヤだけがあるのです。

一方で、払ったお金のことを忘れている人は、申し込んだ後はワクワクだけが残ります。

グズグズする人が楽しい瞬間は、本番だけです。

グズグズしない人は、申し込んだところから楽しんでいます。

グズグズする人としない人との差は、申し込みの早さの差です。

セミナーの申し込みも、早い人はいつも早いし、ギリギリの人はいつもギリギリです。

究極は、「当日でも大丈夫ですか」と言う人もいます。

それは「当日あいていたら行きます」と言っているのと同じです。

グズグズの人は、誘ってもらったことに対するリスペクトが何もないのです。

一人の人が早く申し込んだり、ギリギリに申し込んだりすることはありません。

早く申し込む人はいつも早く申し込み、ギリギリに申し込む人はいつもギリギリです。

ギリギリに申し込むのは、そのほうが得だと思い込んでいるからです。

早く申し込むと、行けなくなった時にお金が戻ってこなくなるのが怖いのです。

そうこうしているうちに満員になって、行けなくなります。

グズグズの人は、会場を広くして追加の席を用意したとしても、グズグズして、やっぱり行きません。グズグズは、エンドレスに続くのです。

グズグズしない人の習慣 21

行けなくなっても、返金を求めない。

「そこに行ったら何ができるんですか」ではなく、「何をするか」だ。

「ごはんを食べに行きましょう」と誘った時に、

①「何を食べに行くんですか」と聞く人

②「いいですね。行きましょう」と言う人

の2通りに分かれます。

ごはんを食べに行くだけのことでグズグズする人がいるのです。

グズグズの人は、「ディズニーランドに行きましょう」と言うと、「ディズニーランドで何に乗るんですか」と聞きます。

「乗り物で変わるわけですか」と言いたくなります。

「今度、みんなで温泉に行きましょう」と言うと、「どこの温泉ですか」「どこの旅館ですか」と聞きます。実際に、旅行代理店でツアーを紹介された時に、「そこに行ったら何ができるんですか」と聞く人がいました。

これがグズグズしている人です。こういう人は旅行ができないのです。

グズグズは、すべて受け身です。

「そこに行ったら、何をさせてもらえるか」というのは、旅行の仕方がまったく間違っています。

それは修学旅行の延長です。

会社に入っても、「どんな仕事をさせてもらえますか」という感覚です。

旅行で問われているのは、「行った場所で、あなたは何をするのか」ということです。

私はミラノに誘われた時に、「ミラノに行ったら何をしよう」と、そこから自分で考え始めました。

その時、ちょうどエステのコンサルテーションの仕事をしていたので、ミラノではエステめぐりをしようと考えました。

グズグズしている人は、

「ミラノに行ったら何があるんですか」

「何をさせてくれるんですか」

「ホテルはどこへ泊まるんですか」

と聞いてから、行くか行かないかを決めます。

自分がその場で「何をしてもらえるか」ということばかり考えているのです。

何をするかは、自分で考えることです。人に聞くことではないのです。

旅人は、旅から問われています。

旅人が旅に問うのではありません。

旅人が突然やって来て、「私は旅人なんですけど、何をくれるんですか」と言うのは、ヘンです。旅で大切なのは、自分で楽しもうとすることなのです。

グズグズしない人の習慣
22
「何をするか」を自分で考えよう。

受け身の人は、問う。能動の人は、答える。

グズグズしない人は、問いかけに、常に答えています。

「あなたはその場で何をして、どう楽しんで、何を受け取るか」という問いかけの答えを自分で考えています。

ボクシングに誘うと、「何が面白いんですか」と聞きます。

見終わった後も、「これって結局、どういう意味があるんですか」と聞くのです。

グズグズする人は、小学校の時のように、先生が答えを教えてくれることに慣れてしまっているのです。

大切なのは、その場から自分が何を感じ取るかです。

色紙にひと言書いた時に、「これはどういう意味があるんですか」と聞く人がいます。

グズグズしない人の習慣

23 問うのではなく、答えよう。

本に関しても、時々、「○○ページのここの1行の意味がわからないんですけど」と言う人がいます。

それを考えるのが本です。

本に書かれているのは、答えではなく、問いです。

たとえば、「なんのために生きるのか」というテーマの本を読んだ時に、グズグズする人は「答えが載っていないんですけど、落丁じゃないんですか」と言うのです。

答えは自分で見つけるものです。

人からもらうものではないのです。

特典を聞く人は、仲間に入れてもらえない。

何かをする時に特典を求めている人は、グズグズします。

「ベルテンポ・トラベル・アンドコンサルタンツ」は、高萩徳宗《たかはぎのりとし》さん経営のクラブ制の旅行会社です。

よく聞かれるのが、「入会した時の特典は?」という質問です。

ベルテンポには特典はありません。

そのこと自体が楽しい人は、特典はいらないのです。

そこに入れてもらえたこと、認められたこと、仲間に入れてもらったことが、最大の喜びです。

どういう割引があるとか、どういうオマケがもらえるとか、どういうポイントがたまるとかではないのです。

ネット社会の世の中は、ポイント社会です。

水道料金を払ってもポイントがたまる時代です。

何かをしようとすると、必ず特典がもらえます。

それに慣れてしまった人は、就活でも「御社に入ると、どういう特典があるんですか」と聞いてしまいます。

「休みはどれぐらいもらえるのか」

「給料はどれぐらいもらえるのか」

「住宅手当はあるのか」

と、やりたい仕事という本体よりも、特典で選び始めるのです。

商品でも、「本体はいらないからオマケが欲しい」という事態が起こりがちです。

これがグズグズの原因です。

特典がないと、「なんだ。せっかく入会したのに特典がないのか」と、文句を言うのです。

特典期待の人は、結果として、仲間に入れてもらえなくなります。

私の実家のスナックの特典は、カウンターの中に入ってグラスを洗ったり、掃除が手伝えることでした。36年間、そういうふうにしていました。

割引も何もありません。お客様は、お金を払ってグラスを洗っているのです。

仕事の特典は、働けることです。

編集者なら、本を読む側から、つくる側にまわれます。

私は早稲田大学の文学部演劇科出身です。

卒業後は映画会社に入る人がたくさんいました。

「映画会社に入ったら、映画を見放題」という特典を期待したのです。

たしかに、担当した映画は見放題です。

ただし、ほかの映画を見ているヒマはありません。

自分の担当した映画を1日5回見なければならないというのは、「映画が好き」とは違う話です。

旅行好きの人が旅行代理店に入っても、旅行しまくれるわけではありません。

グズグズしない人の習慣

24

特典を期待しない。

デスクワークが忙しくて、むしろ旅行する時間はなくなります。
特典期待で入っている人は、特典がないとやめてしまうのです。
本にオマケのトートバッグがつき始めたら、ちょっと残念です。
雑誌のお正月号には、大きなオマケが輪ゴムでとめてあります。
オマケ目当てで本を買う人は、そもそも本が好きではないのです。
特典には限りがあります。
特典がないことで無限になるのです。
あれこれ比較してなかなか決められない人は、特典ばかり探しまわっています。
一流のものであればあるほど、オマケはついていないのです。

「あの人は、してもらっている」と言うなら、今の自分と交換するか。

グズグズする人は、「あの人だけ優遇してもらって、なんで私は優遇してもらえないの」とグチを言います。

これを言われると、ガッカリします。

「じゃ、あの人の優遇と今の君を入れかえてもいい？」と聞くと、「それはイヤだ」と言うのです。

「今の自分」に「あの人の優遇」をプラスしてほしいからです。

グズグズの人は、自分がしてもらっている優遇に気づいていません。

自分の優遇を当たり前だと思っているのです。

たとえば、初めて来た人に、店長からのサービスでオマケの小鉢がつきました。

ここで、常連の人が「どうして自分には小鉢がつかないのか」と文句を言ったら、「わかりました。あなたにも小鉢をつけます。そのかわり、常連としての扱いはしません」と言われます。

その人は、カウンターの中でグラスを洗う権利がなくなります。

しかも、名前で呼んでもらえなくなります。

自分がすでにしてもらっている優遇に対して、「当たり前」と感じるという損な現象が起こるのです。

グズグズする人は、「グズグズ言う」→「いいサービスをしてもらえなくなる」→「ますますグズグズ言う」という負《ふ》のスパイラルに入っていきます。

そういうお客様は来てもらわなくていい。

特別扱いしたくなくなります。

特別扱いされていることに、本人は気づいていません。

ほかの人にしている部分にだけ目が行くのです。

たとえば、エコノミークラスの人の機内食にプリンがついていました。

ビジネスクラスの人が「なぜ自分のところにプリンがついていないんだ」と文句を言うと、「わかりました。じゃ、エコノミーの席へどうぞ。それでいいですか」と言われます。

何よりも、それを言うことでサービスしている側がガッカリするのです。

グズグズしない人の習慣

25 すでにしてもらっている特典に、気づこう。

「前回は、してくれたのに」は、前回に、感謝していない。

「前回はしてもらったのに、今回してもらえなかった」と、クレームを言う人がいます。

テーマパークでも、このクレームは多いです。

たとえば、会社の従業員が「おかしいな。去年は給料を10％上げてくれたけど、今年はなんで上げてくれないんだ」と言いました。

経営者としては、「去年上げたから、今年はいいだろう」と思います。

ところが、グズグズする人は「10％の10％上がるのが普通なんじゃないか」「去年10％上がったから、今年は20％上がるのかな」と考えます。

前回してもらったことに対しての感謝の気持ちがないと、してもらったことが標準で、当たり前になるのです。「あれ、前回はこうしてくれたのに、今回はなんでできないんだ」と、文句を言います。

前回は、特別にしてくれたのです。

これがグズグズの元になって、クレームになるのです。

そうすると、その人はますますサービスをしてもらえなくなります。

サービスする側にも、サービスをしたい人としたくない人がいるのです。

たとえば、パーティーでは、いい席といまいちな席があります。

着席制のパーティーの場合は、どんな人が来るかわからないので、主催者は必ずいい席のアキを持っています。

端っこになっている、きちんとした人を移動できるような席のクッションを持っているのです。

端っこに座っても、ちゃんとした格好で、ちゃんとした立ち居ふるまいをしている人は、「こちらの席へどうぞ」と、いい席へ案内されます。

それに対して、「端っこで見えにくい」と怒る人は、いい席に動かしてもらえません。

グズグズしない人の習慣

26

特別にしてもらったことに、気づこう。

旅行代理店にも、「もしオーバーブッキングの時は、自分をアップグレードしろ」と言って、嫌われていることに気づかない人がいます。

グズグズする人は、「私だけなんとかしてくれ」という気持ちがあるのです。

特別に何かをしてもらった時に、それを当たり前だと感じます。

「前回はアップグレードしてもらったのに、なんで今回はアップグレードしてくれないんだ」と言われると、サービスする側も、しにくくなります。

「今回、料金はいいです」と言われた人が、次の時に「前回は料金はいいと言ったのに、今回はとるのか」と言うと、めんどくさいお客様になります。

その結果、「それなら来てもらわなくていいです」という扱いを受けてしまうのです。

グズグズしている人は、アイコンタクトから、逃げている。

グズグズする人は、1対1のつきあいができません。

アイコンタクトが苦手で、相手の目を見て話せないのです。

「アイコンタクトはしています」と言っても、自分が見た時に相手が見返すと、パッと目をそらします。

たとえば、パーティー会場で壁の花になっている人がいます。

パーティーでは、誰かと目が合った時に見返すことによって会釈《えしゃく》が生まれ、お互いに近づいて、「こんにちは。飲み物を何か持ってきましょうか」ということから会話が始まるのです。

グズグズする人は、目が合った時に「しまった。見ているのがバレた」と、痴漢の

グズグズしない人の習慣 27

目をそらさない。

ような発想をします。被害者意識が先行して、「見ていることがバレた」という目線のそらし方をするのです。

私が研修で地方のホテルに行くと、ちょうどCAさんたちが着きました。

CAさんたちは会釈してくれて、ニコッと微笑みを投げてくれました。今私が乗っていた飛行機のCAさんではありません。

そこでCAさんたちと目が合った瞬間に、「今日、僕は部屋で勉強したかったんだけど……」と、すでにこの後の楽しい展開の想定をしていました。

同じ状況の時に、グズグズする男は、「見てないですよ」と、CAさんたちから目をそらします。ニコッとされたことを「笑われた」と考えるからです。

よくないことを前提にして、自分が被害者の立場で考えていると、グズグズする人になるのです。

「予算がないので」と言いながら、懇親会は開いている。

言いわけで多いのは、「予算がないから仕方がない」というものです。

ある時、「中谷さんの話を、ぜひうちの地域の経営者に聞かせたいと思います。小さな会で予算はないのですが、熱意はあります。来ていただけませんでしょうか」と、講演を依頼されました。

熱意に応えて、その講演会に行くと、懇親会が豪華です。

豪華な懇親会をする予算はあるのです。「懇親会なしで、その分、勉強しようという気持ちはないのかな」とガッカリしました。

そもそも経営者が２００人も集まって、予算がないというのも品のない話です。

豪華な懇親会を開く一方で、話を聞くために、みんなでお金を出し合おうとはしないのです。

これは「熱意がある」とは言いません。

「予算がない」は、事を起こさないための便利な言いわけです。

グズグズする人は、たとえ予算があっても何もしないのです。

そういうところは大体、質疑応答で質問が出ません。

ふだんから「予算がない」と言い続けていると、それに甘えて、いつの間にか熱意がなくなっていることに気づかなくなります。

予算がある人は、甘えられません。

ないのは熱意だとバレるからです。

グズグズする人は、自分の「熱意のなさ」を「予算のなさ」にすりかえてしまうのです。

グズグズしない人の習慣

28

お金を出し合って、先生を呼ぼう。

第4章

自分の感覚を、優先しよう。

――いつでも準備はできている。

行動の遅い人は、メモをするのが遅い。吸収するには、ペンを持つ。約束するにも、ペンを持つ。

手の動きも足の動きも、全部含めて行動です。

グズグズしている人は、メモをとるのが遅いのです。

究極、ペンを持たないのです。

ふだんからペンを持っていないので、「すみません、書くものありますか」という状況が起こります。

「書くもの」と言われたら、普通は紙を出します。

大学生でも、ペンを持たない人がたくさんいます。

セミナーでも、ペンを持たないで、腕を組んで聞いている人はたくさんいます。

最高に面白い話には、ヒントがたくさん詰まっています。

そういう話を聞くと、私は、メモを書きまくっています。

その横で、腕を組んで見ている人がいるのです。

何かを教わる時に、

① 教わる前にペンを持つ人

② 教わってからメモをする人

の2通りに分かれます。

教わる前からペンを持つ人には、言わないつもりだったのに教えたくなるのです。

レストランで「おいしかったですか」と聞く人がいます。

「おいしかったですか」には、「おいしかったです」しか答えがありません。

「お気づきになったことがあったら、何でもおっしゃってください。シェフに伝えますから」

と言われて、

「もう少し小さいポーションがあってもいいかもね」

と言うと、

「じゃ、伝えておきます」

と言われました。

ここはメモをするところです。

メモをとっていないと、「本当に伝えてくれるのかな」と、疑ってはいませんが、なんとなく不安になります。

この時にメモをとっていたら、「あとね……」と、追加のアドバイスができるのです。

コシノジュンコさんに会うと、「何月何日、あけておいてね」と言われます。

「何がある」とは言わないのが、うれしい。

ここで、すぐに日にちをメモしておきます。

誘った時につらいのは、「何月何日にボクシングに行きませんか」に、「ぜひ」と言いながら、メモをされないことです。

「完全に行く気ないよね」と感じます。

目の前で約束ごとをメモするかどうかで、約束を守る人か守らない人かがわかります。

後で一応もう一度メールで日時を連絡すると、「その日は予定が入っていました」という返信が来るのです。

本人的には、なんの不義理もないと思っています。

これはすでに信用を落としています。

グズグズしないためには、まず、ペンを持つことが大切なのです。

グズグズしない人の習慣

29 ペンをさっと持とう。

グズグズする人は、準備をすることで、行動する時間稼ぎをする。

グズグズする人は、準備に逃げます。

行動できない言いわけを、準備がまだできていないせいにするのです。

準備してから行動しようとすると、永遠に行動できなくなります。

本を書きたい人で「今、構想を練っている」と言う人は、構想の練りすぎで、結局、書かないのです。

グズグズしない人は、行動しながら強くなります。

「強くなってから、行動する」ではないのです。

本は「書きながら考える」のであって、「考えてから書く」のではないのです。

書きながら考えることで、アイデアが浮かびます。

新しいアイデアが浮かんだら、前に書いたところはカットしていきます。

これが本の書き方です。

グズグズする人は、カットするのがイヤで、書くことも怖いのです。

「いまいち」とか「面白くない」と言われたらショックを受けるから、ずっと書かないでいます。「面白くない」と言われたら、「じゃ、どうしたら面白くできるか」というところに進めます。凄《すご》いアイデアは、「このアイデアは面白くない」と言われたところから生まれてきます。

グズグズする人は、誰にも見せないで、ずっと「凄いアイデアがある」と言い続けるのです。

グズグズしない人の習慣 30

行動してから、準備をしよう。

グズグズする人は、視覚情報で考える。グズグズしない人は、皮膚感覚で感じる。

老化は、嗅覚《きゅうかく》から起こります。

鼻がボケると、まず、食欲がなくなります。

季節もわからなくなり、どこにいるかという空間認識もなくなります。

意欲もなくなって、そこからウツになる人もいます。

意欲がなくなると、動かなくなります。

動かないと体力が低下して、筋力が低下します。

もろもろの老化が、嗅覚が衰えることで起こるのです。

私の母親は、いただき物があると、必ず匂いをかいでいました。

缶詰かもしれないのに、まず、「なんやろう、これ」と、匂いをかぐのです。

その後で包みをむいて、お仏壇に上げます。

匂いをかぐのは動物の本能です。

料理を食べる時に、グズグズする人は「これ何ですか」と聞きます。

グズグズしない人は、匂いをかぎます。

グズグズしている人は視覚情報に頼っています。

匂いは皮膚感覚で、情報とはかけ離れています。

動物は、まず、匂いから入ります。

情報から入る頭でっかちの人は、匂いから最も遠いところにいるのです。

道を歩いていても、「キンモクセイの香りがする」と言う人と「この間、TVでこの店を紹介していました」と言う人とに分かれます。

グズグズしない人の習慣 31

匂いをかごう。

「キンモクセイの香りがする」と言っているのに、スマホで調べている人もいます。スマホには、膨大な情報が出ています。唯一、匂いが出てこないのです。

タヒチの映像はあっても、そこから匂いは何も感じません。

これは「タヒチ体験をした」とは言えないのです。

タヒチに行くと、ココナツの匂いがします。

タヒチから帰ってきた後も、体からずっとココナツの匂いが抜けません。タヒチの石鹸はココナツが入っていて、シャワーを浴びた時に、いつもその石鹸で洗っていたからです。

匂いは口では説明できませんが、体にインプットされていきます。

初めてのものに接した時は、匂いをかいで、なめてみることです。

陶芸家は、土を探す時に土をなめて、「酸っぱい味は○○の土」というのを判断します。視覚情報に頼らず、皮膚感覚で感じることが大切なのです。

先入観を持たない無はいい。準備のない無は、はずれることを恐れてグズグズする。

「先入観を持ってはいけないので、私は今日は無で臨《のぞ》みました」と言う人がいます。

先入観を持つことと準備をすることとは、まったく別のことです。

「私は今日の企画会議は無で臨みます」と言うのはおかしいです。

企画会議の前には準備が必要です。

グズグズする人が準備しないのは、はずれるのが怖いからです。

「準備したけど、方向が間違っていた」「見当違いの準備をしてムダになった」となることがイヤなのです。

その予防策として、「無で来た」と開き直ります。

そうすれば、「それははずれだね」と言われることがありません。

たとえば、就活の質問なら、

「就職に必要な3つのことを教えてください」

「就職でしてはいけない3つのことを教えてください」

と聞きます。

この質問で、「この人はまだ何も行動していないな」とわかります。

行動している人は、

「この間、最終面接でこういうふうに聞かれて、こう答えたんですけど、これはこう答えたほうがよかったですかね」

と、仮説を持ってきます。

この質問は、聞かれた側も具体的なアドバイスができます。

行動をしないで、

「するべき3つのことと、してはいけない3つのことを教えてください」

と聞く人には、

「とりあえず行ってこい」

と言うしかないのです。

グズグズしない人の習慣

32

質問する時は、自分の仮説を持とう。

予習したレベルに合わせて、教えてもらえる。

先生は、生徒が予習したレベルに合わせて教えます。予習がない人には教えることができません。英語の授業も、生徒が単語の下調べをしていないと、文法を教える前に、単語の説明や、漢字の読み方から説明しなければなりません。

教えてもらうためには、教えてもらう予習をする必要があります。

たとえその予習が見当違いでも、予習するということを続けないと、いつまでたっても予習の見当をつけるトレーニングができないのです。

グズグズしない人の習慣

33

教わる準備をしよう。

遅いのではない。遅くしようとしているのだ。

グズグズする人の行動が遅いのは、歩くのが遅いのではありません。わざと遅くしているのです。

早くすると、自分の力量が問われて、結果が出るからです。

たとえば、編集者に「原稿を見せてください」と言われました。

「早く書くと、いまいちだということがバレるのが怖い」と思う人は、わざと遅延行為をしているのです。本人は、自分の遅延行為に気づいていません。

食事会がある時は、1番に行くのが恥ずかしいとか、寂しいという思いから、「ゴメーン」と言いながらわざと遅れてくるのです。

いつも一番最後に来る女のコは、そうしたほうが目立つ気がするという1つの作戦です。それは、まわりに迷惑がかかるので、やがて呼んでもらえなくなります。

グズグズする人は、仕事は遅れないで来るのです。

ところが、食事会になると急に遅れます。

「仕事は遅れてはいけないと思うけど、しょせん食事会でしょう」と考えているからです。そういう人との食事会は楽しくありません。

仕事と食事会は同じです。

忙しい人ほど、仕事に関係ない食事会にきちんと早く来ます。

グズグズする人は、仕事の会、取引の会、契約の時は早く来るのに、食事会には遅れて来ます。

差がつくのは、食事会での1人1人の集合時間です。

食事会に早く来るか遅く来るかで、伸びていく人と伸びない人とに分かれるのです。

グズグズしない人の習慣

34

わざと、遅くしようとしない。

ペンディングにしている未決の返事をする。

グズグズする人は、メールの中に返事をしていないペンディングのことがたくさんあります。

「行けるかどうか後ほど連絡します」という状態にしているのです。

これは、グズグズ側からすると、相手に迷惑がかかってはいけないという配慮です。「行けると言って行けなかったら迷惑になるから」と、予定が確定する前日や当日まで返事を保留します。その結果、当日になって「やっぱり行けません」と言うのは、幹事さんに迷惑です。グズグズする人は、幹事をしたことがないのです。

事前に「行ける」と返事しておいて、直前に「行けない」となるのはしようがありません。ところが、「アポが入っていまして、行けるかどうか、今は五分五分なんで

グズグズしない人の習慣

35

ペンディングなら、断ろう。

す」と、出欠の返事をしていないメールがたくさんあるのです。

「これは断ったら感じ悪いから、行けるように調整しよう」という気持ちもあります。

実際は、断るよりペンディングのほうがもっと感じ悪いのです。

しかも、たくさんあるメールの中に埋もれて、返事を忘れてしまう場合があります。

そうならないためには、ペンディングしないと決めておくことです。

ペンディングするぐらいなら断ればいいのです。ペンディングの大半は、結果的には行きません。元からそんなに行きたくないからです。

ペンディングしていて、「じゃあ行きます」と、イヤイヤ来る人も迷惑です。

主催者からすると、イヤイヤ来られるのが一番めんどくさい人です。

イヤイヤ遅れて来られて、ローテンションの人は、誰からも歓迎されません。

イヤイヤ行くくらいなら、欠席したほうがずっといいのです。

「何をすればいいかわからない」人は、掃除をすれば、することが見つかる。

グズグズする人は、よく「じゃあ、何をしたらいいんですか」と聞きます。

その時のアドバイスは、たった1つ、「掃除をしてください」です。

個人の自宅でも会社の仕事でも同じです。

掃除をすると、

「あ、これの返事を忘れていた」

「これ、何？　出欠って」

「あ、ここにチケット買ってるの忘れてた」

と、いろいろなものが見つかります。

掃除をすると、するべきことは自動的に見つかるのです。

グズグズする人は、必ず部屋が散らかっています。

忙しいから部屋が散らかるのではありません。

部屋が散らかるから忙しくなるのです。


会社の経営をしている社長さんへのアドバイスも、たった1つです。

「掃除をしてください」です。

掃除をするだけで会社の売上げは必ず上がります。

掃除をしていないと、目に見えない出費が増えます。

会社の掃除をすると、

「この箱、何？」

「トイレットペーパーがこんなに出てきました」

「コピーのトナーがこんなに出てきました」

と、あけていない箱がたくさん見つかります。

いらないコピー用紙ばかりが出てきます。

それなのに買い足しているのです。

会社の固定費が増えていくのは、掃除を怠《おこた》っているからです。

掃除をすることによって、不必要に2台以上あるものが目に見えてわかります。

さらに、スペースがあきます。

会社がつぶれる元は倉庫代です。

モノを置くスペースが足りなくなるのです。

そのために部屋や倉庫を借り始めます。

すでにそこに1つあることに気づかないで、2つ目、3つ目のモノを買い足していきます。

さらに倉庫化して、中が見えなくなるので、どんどん使われないデッドストックになります。

売上げが下がってきて、会社を立て直そうと思う時は、まず掃除をすることです。

掃除をするだけで、売上げは上向きます。

精神論ではありません。

ムダになっているモノがそこで見つかるからです。

グズグズしない人の習慣

36

掃除をしよう。

隅々まで掃除をすることで、

「これ、おかしいけど、どうなってるの？」

「これ、何？」

「この『要返事』は何？」

「突然『至急』というのが出てきたけど、これ何？」

と、埋もれていたものを発見できます。

家の中でも掃除をすると、するべきことは無限に見つかるのです。

第5章

一歩手前のグズグズを、解決しよう。

――ちょっとした工夫で改善できる。

グズグズしている人には、会話に動詞がない。

グズグズする人は、会話に形容詞・形容動詞・名詞・副詞が多く、動詞がないのです。

動詞は、常に「○○する」という形になります。

「一生懸命やります」は、「何をするか」がありません。

「早くやります」も、「どのように早くするか」がありません。

大切なのは「動詞＋目的語」です。

「速《すみ》やかに」とか「気をつけて」とか「死ぬ気で」とか、形容する言葉しかないのがグズグズの原因です。

これが精神論になっていきます。

自分でも、具体的にどうするかが見えないのです。

うまくいかなかった時、その先の道は「改良する」か「あきらめる」かの2つしかありません。真ん中はないのです。

「改良」とは、具体的に「〇〇を△△する」ということです。

「一生懸命する」とか「気をつける」と言うのは、あきらめたのと同じです。

遅刻した時に「遅刻しないように気をつけます」と言う人は、遅刻し続けます。

「急ぎます」と言うよりは、早く家を出ればいいのです。

途中で走るということではありません。

「目覚ましが鳴らなかった」と言いますが、前の晩、遅くまでスマホをしていたからです。それは早く寝ればいいだけの話です。

会話に「動詞＋目的語」を入れることで、グズグズしなくなるのです。

グズグズしない人の習慣

37

形容詞より、動詞を入れよう。

グズグズしている人には、会話に固有名詞がない。

固有名詞と日付をつけることで、グズグズを抜け出すことができます。

「○○に行きたい」と言う時は、具体的な地名が入ります。

「どこか行きたい」とか「何か面白いことをしたい」というのは、すべて抽象的な表現です。

これが「願望」と「計画」との違いです。

「面白いことしたい」「楽しいことしたい」「一生懸命やりたい」というのは、願望です。

計画には、固有名詞と日付があります。

たとえば、ある人がパーティーに行きました。

グズグズしない人の習慣

38 計画に固有名詞を入れよう。

一流の人たちが大ぜいいて、話しかけることができませんでした。

ここで「来年までに話せるようになります」というのは、願望です。

「どうやって？」

「一流の人に会います」

「誰に？」

「一流の人がいるところにいる人です」

「どこ？」

ということになります。

「一流さん」という人は、いません。

固有名詞と日付のない人は、結局、行動しなくなるのです。

急がされたら、もっと早くする。めんどくさいことは、もうひと手間かける。難しいことは、2割でもする。

グズグズする人ができない仕事は、「急ぎの仕事」「めんどくさい仕事」「難しい仕事」の3つです。

グズグズしない人は、急がされたら、もっと早くします。

「明後日までやって」と言われたら、明日までにやります。

そうすることで、クオリティーはあまり問われなくなります。

「もう1日ください」と言うと、時間をかけた分、クオリティーを問われます。

「めんどくさいこと」を頼まれた時も、もうひと手間かけることで、クオリティーを問われなくなります。

ひと手間省くから、クオリティーを問われるのです。

難しいことを頼まれた時に、グズグズする人は最初からやりません。

「ゼロか10か」の発想だからです。

グズグズしない人は、2割やります。

頼んだ側は、2割でもヤル気を評価します。

「ここまでしかできませんでした。とりあえず、できたところまで持ってきました」

と言われると、ヤル気を感じるのです。

10割できないなら1つもやらないとなると、ヤル気を感じません。

ひと晩の間に、できることは何かあるのです。

グズグズ部下もいれば、グズグズ上司もいます。

グズグズ上司は、急ぎの仕事をしてくれた部下に対して、「ヒマだったんだな」と解釈します。

グズグズしない上司は、忙しいのにしてくれたことに対して、きちんと評価できます。

グズグズ上司は、めんどくさい仕事を頼んだ時に、部下がひと手間かけたことに気づきません。

その上司は、次回から、ひと手間かけてもらえなくなります。

グズグズ上司は、難しい仕事を2割やってきた部下に「これだけ？」と言います。

結果、部下は「じゃ、やらないよ」となるのです。

グズグズ部下は、グズグズ上司から生まれます。

「急ぎの仕事」「めんどくさい仕事」「難しい仕事」にどう取り組むかで、グズグズを脱出することもできるし、グズグズにもなるのです。

グズグズしない人の習慣

39

忙しいのにしてくれたことに感謝しよう。

グズグズする人より、グズグズにつきあう人が、罪が重い。

ある時、お店でごはんを食べていたら、隣で2人組の女性が話していました。
一人が、ずーっとグズグズ話しています。
金曜日の夜に、グズグズした話は聞きたくありません。
早くグズグズ話が終わってほしいのに、1週間分のグズグズを話しているのです。
世の中にはグズグズする人がいるのは仕方のないことです。
グズグズする人を消すことはできません。
大切なのは、せめて自分はグズグズにならないことです。
罪が重いのは、グズグズ言っている人より、グズグズを聞いている人です。
なぜグズグズ言っている人と一緒にごはんを食べているのかということです。

その人は今日初めてグズグズ言ったわけではありません。

定例グズグズ発表会を毎週開いているのです。

聞いている人は、毎週、同意しながら聞いています。

否定したら、ますますグズグズがひどくなるからです。

「グズグズをやめなさい」と言えないなら、その人とかかわらなければいいのです。

グズグズ言う人は、好きに言わせてあげます。

「グズグズ言わなくなるにはどうしたらいいか」というのが、その人の課題であり、テーマです。

そういうミッションとして、この世に生まれてきたのです。

現世で直らなければ、来世もまた同じテーマをやり直します。

そのグズグズ話をずっと聞いて、時間をムダにする必要はありません。

グズグズの話を聞くか聞かないかの選択肢は、まだ聞く人に残っています。

グズグズ言う人は、そういう生き方なので選択肢はないのです。

ネットにはグズグズ話が多いのです。

だからといって、すべてがグズグズではありません。

グズグズしない話もたくさんあります。

「ネットはグズグズした話が多い」「世の中、グズグズしたことばかりだ」と思うのは、グズグズした話を選んで聞いているからです。

本の中にも、グズグズしたことを書いている本はあります。

「最近の本はグズグズした中身ばかりだ」「なんであんなグズグズしたことを書くのだろう」と言いますが、それはそういう本を選んで読んでいるからなのです。

グズグズしない人の習慣

40

グズグズした人に、つきあわない。

写真を何枚も撮る人は、撮れば撮るほど、レベルダウンする。

グズグズする人は、「お写真いいですか」と言ってから、「えーと、どうやって立ち上げるんだっけ」と言うのです。

結局、グズグズさんは7枚も撮りました。

私は、その人に「写真は一番最初がベストだよ」と教えてあげました。

本人は納得がいきません。

写真をチェックして、「私の顔がヘンだから」と言って、もう1枚、もう1枚、もう1枚……と、撮るのです。

撮れば撮るほど、写真のクオリティーは下がります。

どこまで行っても、1枚目を超えないのです。

グズグズしない人の習慣

41 写真は、2枚以上撮らない。

撮り直せば撮り直すほど、緊張します。

最初は何も考えていないから、一番いい写真になるのです。

パーティーなどで写真を撮る時も、「念のため、もう1枚撮ります」というのは、まったく意味がありません。

目をつぶっているのは、2枚目の写真です。

2枚目のほうが緊張するからです。

「もう1枚」と言うのは「1枚目より2枚目のほうがいい写真が撮れる可能性がある」という前提です。それは100パーセントありません。

「もう1枚、もう1枚」と言うことで、どんどん遅くなっていくのです。

「なんやこれ体験」をする。

私の郷里の堺を舞台にした『嘘八百』という映画があります。

私の高校の後輩で、脚本家の今井雅子さんが協力脚本で書いています。

中井貴一《きいち》さんが骨董商《こっとう》、佐々木蔵之介《くらのすけ》さんが陶芸家《とうげいか》の役で、詐欺《さぎ》にひっかかった2人が仕返しに詐欺をかけるという詐欺コメディーです。

芸術品の目利《き》きになるのは難しいのです。

私の実家の本家は骨董屋です。

本家のおじさんから「おまえ、骨董通りが近いのか」と聞かれて、「30秒です」と答えたら、「骨董屋やらへんか」と言われました。

ひょっとしたら、私は骨董屋をやっていたのです。

骨董の中でも、茶器は難易度が高いのです。

難易度の高い芸術品を見きわめられようになるにはどうしたらいいかということで、映画の中に「『なんやこれ』という体験をいっぱいすることだ」という、いいセリフがありました。

「なんやこれ」というのは、わけがわからない体験です。

グズグズする人は、わけがわかる体験だけをしようとします。

いつものお店に行って、いつものメニューばかり食べるのです。

3つ星レストランのシェフは、世界中を旅行して、その地元のものを食べています。

説明を聞く前に、まず食べるのです。

これが「なんやこれ」体験なのです。

グズグズしない人の習慣

42

結果のわかる体験ばかりしない。

勝手に、ちゃんとする。

言われたらちゃんとする、勝手になるとちゃんとしないというのが、グズグズする人です。

グズグズしない人は、好き勝手しているのにちゃんとしています。

グズグズする人は、「好き勝手」イコール「ちゃんとしない」という思い込みがあるのです。

「ちゃんとしなくちゃいけないんだったら、そう言ってくれればよかったのに」と言うのはおかしいです。

「ちゃんとしましょう」と言われるのは、学生までです。

大人の社会では、言ってもらえません。

グズグズしない人の習慣

43

言われない時こそ、ちゃんとしよう。

グズグズしない人は、言われなくても常にちゃんとしているのです。

突然のことはない。想像してなかっただけだ。

グズグズする人は「突然のことでビックリした」と、よく言います。

突然の出来事は1つもありません。

単に、本人が想像していなかっただけです。

どんな出来事も、少し考えればわかることです。

仕事でも、突然のことはありません。

結局、その人の想像力がなかっただけです。

過去の失敗の体験量が多い人は、「こんなこともありうるな」「あんなこともありうるな」と、想像力が増えます。

想像力をつけるには、失敗の数を増やすことです。

成功はド真ん中なので、成功の数を増やしても想像力はつきません。

失敗は無限のバリエーションがあるので、「ここでこんなふうになったら」という想像力が広がります。

ビュッフェで、「カレーを持っているおばさんがいきなり振り返ってぶつかったんです」と言う人がいます。

おばさんは、突然振り返ります。

その手には必ずカレーを持っています。

「あのカレーを持っているおばさんは突然振り返るぞ」と想像していれば、ぶつからないのです。

運転は、すべて想像で成り立っています。

子どもが車道に飛び出してきた時、「突然のことでビックリしてとまれなかった」ではすまされません。

バスがとまっている時は、バスの向こう側から人が渡ってくることもあります。

「反対車線は渋滞だな、かわいそうに。こっちはスイスイなのに」と思っても、のんびり運転している場合ではありません。

渋滞している車線からは道を渡ろうとして人が出てくる可能性があるので、注意が必要です。

これらはすべて、想像力のある人ならわかることです。

ヒヤッとした体験数が多い人は、それだけ想像力がつきます。

失敗が少ないことは自慢になりません。

想像力をつけるためには、失敗の少ないことがマイナス要素になるのです。

グズグズしない人の習慣

44

想像しよう。

家用の服になると、グズグズになる。

グズグズする人は、家にいる間ずっとジャージを着ています。

ジャージは、リラックスするためのものだからです。

人間はリラックスすると副交感神経に切りかわり、シャキシャキ動こうという気持ちにならないのです。

接客用語に「NHK」という言葉があります。

Nは「ニコニコ」、Hは「ハキハキ」、Kは「キビキビ」です。

グズグズ感は、着ている服によって変わります。

ちゃんとした服を着れば着るほど、グズグズしなくなるのです。

単純に、家で外用の服を着ていると、グズグズがなくなります。

グズグズしない人の習慣

45

外用の服を、家でも着よう。

土日をずっとジャージで過ごして、「なかなか出かける気がしない」という気持ちになるのは、着ている服の影響です。

出かける用事ができたら着がえるのではありません。

とりあえず着がえてしまうと、グズグズから抜け出せます。

着がえることで、その人のモードが切りかわるからです。

人間は、着ている服によって行動力に影響を受けるのです。

第6章

リスクは、怖くない。

——仮説を追いかけてみよう。

嫌いになっていい。嫌いは、当人の問題だ。

グズグズする人が一番恐れているのは、嫌われることです。

嫌われないように、グズグズするのです。

「ごはんは何を食べたい？」と聞かれた時に、「ここでフレンチと言うと、タカビーなカネのかかる女と思われる。かといって、ソバでは安い女と思われて嫌われたらどうしよう」と、延々と考えています。

嫌われることに対してビクビクしているのです。

自分がしているから、同じことを相手からされると思っているのです。

心の中で「あの人嫌い」と思っているのに、口に出さずにガマンしています。

「人間を好き嫌いで分けちゃダメ。みんないい人。嫌っちゃダメ」と、自分を責めています。

「あの上司は嫌いだけどガマンしなくちゃ」「あのお客様は嫌いだけどガマンしなくちゃ」と、ガマンしながら働いているのです。

グズグズの人は、「相手も同じように自分のことを嫌っているのではないか」「ガマンしているのではないか」と、めぐりめぐって考えてしまうのです。

グズグズしない人は、「好き嫌いはあって当たり前」と考えます。

嫌いになっていいのです。

嫌いになるのは、嫌いになっている本人に責任があります。

たとえば、ピーマンが嫌いな人がいても、ピーマンに責任はありません。

ピーマンが嫌いなのは、その人のせいです。

ピーマンが「嫌われた」と悩む必要はないのです。

野菜が嫌いなら、食べないで勝手に不健康になればいいだけです。

野菜に責任はありません。

グズグズする人は、自分が嫌われたら、嫌われた自分に責任があるのではないかと思い込んでいます。

違います。

責任があるのは嫌っている側です。

嫌われている側にはなんら責任はないので、ほっとけばいいのです。

好きになれるように努力する、野菜を食べられるように努力するというのは、相手の問題です。

そう考えれば、嫌われることに対してビクビクしなくなります。

判断する時にもグズグズしなくなるのです。

グズグズしない人の習慣 46

嫌われるのは、相手の問題と考えよう。

キャッチされるのではない。キャッチするのだ。

恋愛で「私をキャッチしてください」と言う人がいます。

恋人は向こうから来るものだと思って受け身型でいるから、「いい男が私をなかなかキャッチしてくれない」と言うのです。

いい男は、みんなが狙《ねら》っています。

グズグズしない人は、自分から行って、いい男をキャッチします。

グズグズする人の受け身の姿勢は、「恋愛はキャッチされるものだ」という間違った思い込みがあるからです。

そもそも恋愛は自分からキャッチするものです。

いい男であればあるほど、競争は激しいです。

グズグズする人は、結局甘えているのです。

「私のところに来るのはろくな男しかいない」と言う人がいます。

当たり前です。

向こうから「お願いします」と来るのは、ドキドキしない人です。

ドキドキする人から、「お願いします」と来ることはありません。

「キャッチしてください」と考えている時点で、すでにグズグズしています。

「これを逃したら、もうチャンスはないぞ」と、みずから千載一遇のチャンスを生かしてキャッチしようという覚悟もありません。

グズグズする人は、「チャンスは1回きり」という真剣さを持たずに、「今逃がしても、また次回あるだろう」と、チャンスに対してきわめて甘い感覚があるのです。

グズグズしない人の習慣

47

「キャッチしてください」と甘えない。

グズグズしている人は、自分を引っ込めない。

グズグズする人は、一見、自分を引っ込めているように感じます。

実際は、引っ込めていないのです。

そのため、自分はこうしたい、相手はこうしたいという押し合いで、にっちもさっちも行かなくなります。

自分が引いて相手を先に通せば、その後、自分が行けるのです。

自分を引っ込めることで次の流れが生まれることに気づかない人は、「相手がなかなか引っ込めない」と言って、自分が押してばかりになります。

グズグズしない人になるコツは、「ここは自分が少し引こう」という感覚を持つことです。

自分の希望を少し引いてみることで、前へ進んでいくことができます。

次に自分の希望を出せるチャンスが来た時に出せばいいのです。

たとえば、私が書きたいテーマと、編集者が書いてほしいテーマがある時に、両者の考えが一致しないことがあります。

その時に、「自分はこっちのほうがいいと思うけれども、とりあえず自分の考えをいったん下げて、まずは編集者がしたいことの中で自分が応えられることをして、徐々に自分の味を出していこう」というやり方が、事が前へ進んでいきます。

「こういう本をつくりたい」と思う編集者が責任者だからです。

その責任者に対して自分のアイデアを出して、「でも今はこれをしたい」と言われたら、責任者の言う通りにしないと、物事は前へ進みません。

とりあえず1冊目は、責任者のつくりたい本をつくります。

2冊目で、お互いのコミュニケーションがとれるようになってから自分のアイデアを出していくという手もあります。

自分をいったん引っ込めるという技を持っておけばいいのです。

かといって、自分の考えたことをやめるわけではありません。

グズグズする人は、するかしないかの両極端になりがちです。

自分の考えが通らないと、すぐに「じゃあ、わかりました。私、ゼロでいいです」「言いなりです」と極端なことを言います。

それよりは、ゼロと100の間の引き具合で無限のグラデーションを持っておくことが大切なのです。

グズグズしない人の習慣 48

自分を引っ込めよう。

今までになかった不運が起こった時には、今までしなかったことをするチャンスだ。

グズグズ言う人は、今までに起こったことがないような不運に見舞われたということです。

これを不条理と言います。

理不尽と不条理とは違います。

理不尽とは、「自分はこうしたいと思っているのに、上司からはこうしろと言われる、自分と上司の方針が違う」ということです。

不条理とは、「ケガをして、プレゼン当日に行けなかった」ということです。

スポーツでは、「監督と方針が違う」「コーチと方針が違う」というのが理不尽です。

「本番前に練習をしすぎて疲労骨折などのケガをする」というのは不条理です。

理不尽は、違う意見をいったんは受け入れるという耐える力が鍛えられます。

不条理は、想定外のことが起こっているので粘る力が鍛えられます。

耐えると粘るとは違うのです。

世の中で「ガマン」と言われているものには、2種類あります。

私は大学時代に演劇科で、不条理演劇を勉強しました。

サミュエル・ベケットの『ゴドーを待ちながら』という作品は、2人でゴドーを待っているけれども、最後まで現れないというお芝居です。

これを「不条理」と言うのです。「不条理耐性」とは、待つ力です。

今まで起こらなかったような不運に見舞われた時は、今までしなかったことをするチャンスです。

グズグズする人は、初めてのことが起こった時に、今までのやり方でなんとかしようとします。

グズグズしない人は、今までにないようなことが起きた時、「今までしたことがないやり方を試してみるチャンスだ」と考えて行動するのです。

グズグズしない人の習慣

49 今までにしなかったことをしよう。

夢だけあっても、危機感がない。危機感だけあって、夢がない。どちらも、グズグズする。

グズグズする人は、
①　夢だけあって危機感がない
②「このままでは大変」と危機感だけがあって夢がない
という2通りに分かれます。
①の人は、「こんなふうになればいいな」「いつか王子様が来てくれるに違いない」という夢を持っています。②の人は、「自分はこのままチャンスがないから一生独身、老後のために貯金をしておかないと」と危機感を持っています。

どちらのタイプも、なんの女磨《みが》きもしないで、ただ歳を重ねていくのです。

グズグズしない人は、夢と危機感と両方を持っています。

「夢を持つべきですか。危機感を持つべきですか」と聞かれたら、私は「どちらも必要です」とアドバイスします。

経営者も同じです。「宝くじがそのうち当たるから」「100万部のベストセラーを10冊出せばいいんですよ」と、夢だけ持っていて危機感のない経営者は危ないです。かといって、危機感だけあって夢がない経営者も仕事ができません。新しい企画が出せないからです。夢と危機感の両方を持っていることが、グズグズしないコツです。

危機感だけ持っていたり、夢だけあってホンワリしている人は、一見ポジティブシンキングに見えます。実際は、グズグズする人です。

夢と危機感のどちらか一方だけでは、向上心が生まれないのです。

グズグズしない人の習慣

50

夢と危機感の両方を持とう。

正解より、仮説を探す。仮説は、間違っていてもいい。

グズグズする人は、常に正解を探しています。

正解は、大人の社会にはありません。小学校の授業までです。

学生時代は、メリットだけがあってデメリットがない正解と、メリットがなくてデメリット100％の間違いという2つしかありません。

世の中の社会においては、メリットとデメリットの両方存在しているものしかありません。はっきりした正解や間違いはなく、どこまでいっても仮説があるだけです。

グズグズしない人は、常に仮説を持っています。仮説は進化していけます。

大人の社会では、「いかに正解から離れるか」ということを求められます。

グズグズする人は、正解を求めていくので話が面白くありません。

ワンパターンにハマっていくのです。

小学校までは、「こういう時はこういうもの」という予定調和で通用します。ルールを守る人が優等生と言われるからです。

大人の社会になると、正解からいかに離れるかということが楽しくなります。

モテない男は、よく「今これが流行ってるんだろう」と、流行りモノを持ってきます。それがつまらないのです。

「今これが流行ってるんだろう」と言う時点で、すでに遅れています。

チョイ遅れが一番ダサいのです。

マーケティングのミスは、流行っているモノを探すことです。

グズグズする人は、仕事でもしくじります。

何が儲かるか、何が人気があるかというのを探すからです。

脳科学者の黒川伊保子先生が、「将来の仕事は何を選んでもいいけど、みんながなりたがる職業はやめたほうがいい」と言われたそうです。

みんながなりたがらない職業を選ぶことが、世の中の役に立つ働き方です。

これは面白い教えです。

就活学生からは、「これから伸びる業界はどこですか」という質問がよく出てきます。

私が「これから伸びるのは、ベンチャービジネス100社のうち1社が伸びて、99社は消えてなくなる業界だよ」と答えると、「いや、そういうところじゃなくて、もう少し有名なところはないですか」と言います。

有名な会社は、伸びる会社ではありません。むしろ伸び切った会社です。

グズグズする人とグズグズしない人は、仕事の選び方も違うのです。

女性でも「○○になりたいんです」という仕事の多くは、すでに流行っているものを選んでいます。次のブームが来たら、それをしたいと言ったり、次のTVドラマが始まるワンクールごとにしたいことが変わるタイプの人は、正解を探すグズグズから抜け出せないのです。

グズグズしない人の習慣

51

正解を、探さない。

「誰でも、そうするでしょう」はない。

グズグズする人は、発想の幅が狭いです。

すぐに「普通、そうするでしょう」「誰でもそうするでしょう」と言います。

「それは普通じゃない？」と、「普通」という言葉に凄くしがみつきます。

「そんなことをして大変なことになったらどうするんですか」と、常にリスクを避けて通ります。

ひたすら普通であることを目指していくのは、学校優等生が「先生は何を言わそうとしているのかな」と先読みするのと同じです。

グズグズしない人は、自分なりの答えを持ち、みんなと逆側に行くのです。

グズグズする人は、混んでいると「なんでこんなに混んでいるんだ。みんなはほかにすることがないのか」と怒ります。

グズグズする人は、行くのが遅いのです。

ＴＶで見てから行ったりします。

それは、ブームを見に行っていることが原因です。

グズグズしない人は、事前に混むことを想定して、ブームになる前に見に行くのです。

グズグズしない人の習慣

52

自分なりの答えを持とう。

フレキシブルとは、過去の自分にとらわれないこと。アグレッシブとは、リスクをとれること。

フレキシブルとは、「柔軟性《じゅうなん》」という意味ではありません。

過去の自分にとらわれないことです。

「今後、私もフレキシブルに対応するように気をつけます」

「柔軟に対応します」

と言っても、何も変わりません。

これがグズグズの原因です。

優等生ほど、「前にこれでうまくいったから」「前にこれでうまいかなかったから」という過去の自分のやり方にとらわれます。

過去に少しでも危なかったやり方は、二度としません。

一番よくない方法は、過去にうまくいったやり方です。

世の中の状況は常に変わっています。同じ状況は二度とありません。

過去のやり方にとらわれずに、とりあえずしてみればいいのです。

アグレッシブとは、「攻撃的」という意味ではありません。

リスクがとれることです。

「アグレッシブにしたいんですけど、リスクはとりたくないんです」

と言うのは、アグレッシブではありません。リスクのないアグレッシブはないからです。

ところが、「攻撃的」という表現をすると、なんとなく威勢がいいのです。

「私、ヤル気あるんです。でも、なるべくならリスクのないほうがいい」

と言うのはヘンです。

「ヤル気」とは、リスクをとれることです。

グズグズする人は、過去のやり方にしがみついています。

過去のやり方を捨てていくことが、グズグズしない方法なのです。

グズグズしない人の習慣

53

過去のやり方を捨てよう。

第7章

相手の利益のために、行動できる。

――グズグズを選択しない生き方。

「教えてください」は、「かまってください」になる。

「教えてください。教えてください」と言う人は、結局はかまってほしいのです。

それこそ質問のための質問をするのです。

その質問はどうでもいいのです。

聞かれる側からすると、どうでもいいことは手にとるようにわかります。

グズグズする人は、話したいから質問をしているだけです。

ＣＡさんに「現地のおいしいお店を教えてください」と聞く人は、ＣＡさんと話したいだけです。

その人は、そもそも食べ物にまったく興味がありません。

単に、ＣＡさんにかまってほしいのです。

そういうお客様ばかりなので、ＣＡさんにはバレています。
講演会では、質問のフリをして宣伝を始める人がいます。
これも「かまってほしい」ということのあらわれです。
「自己顕示《けんじ》欲」の定義は「かまってほしい」です。
グズグズする人は、「かまってチャン」なのです。

グズグズしない人の習慣

54

自分の仮説を持とう。

2列目では、得るものが半減する。

コンサートの会場は、アリーナ席と2階席に分かれています。

2階席はラクチンです。

見下ろしていればいいからです。

2階席とアリーナ席では、「見物」と「参加」の違いになるのです。

講演会でも、1列目と2列目ではまったく違います。

1列目には、凄い緊張感があります。

いじられたり、当てられる可能性があるからです。

一番後ろの席にいたっては、「いじられないから安全」という気持ちで、完全に見学です。

安全な場所にいると、得るものはありません。


一番後ろに座る人は、「会場に来たのが遅かったから」と言います。

その人に「ここあいてるよ」と勧めても、前の席に来ることはありません。

そういう人は、大学の授業でも常に壁に張りついて聞いていた人です。

講演会や授業は、一番前で聞くか2列目で聞くかで、人生が圧倒的に変わります。

2列目は見学なので、得るものがありません。

ジェットコースターで一番怖くないのは、一番前の席です。

先頭は、先のコースが見えるからです。

後ろの席は、先のコースが見えません。

ところが、怖がりの人ほど後ろに座ってしまうのです。

ジェットコースターにはエンジンがついていません。

落下の重力加速度で走ります。

スタートして最初に上がる山が一番高い山です。

カタカタカタカタカタとキャタピラで頂上まで上がって、そこから一番深い谷へヒューッとおりることで加速度をつけます。

ということは、一番後ろの席が加速度が一番強いのです。

前の席と後ろの席は同じスピードではありません。

ジェットコースターは、怖がって後ろの席に行けば行くほど、よけいにスピードが速くなって怖いのです。

グズグズしない人の習慣

55

最前列に座ろう。

「なぜ、私ですか」と言う人は、誘ってもらえない。

グズグズする人は、いいことが起きても、

「よくないことが起こったらどうしよう」

と、グズグズ言います。

たとえば、自分がいいなと思っている人から、

「今度、ごはん食べに行こうか」

と誘われました。

その時に、「なんで私ですか」と言います。

「こんないいことはあるはずがない」という被害者意識があるからです。

「これはきっと何かオチがある。または何かの詐欺に違いない」

ます。

よくない出来事が起きた時に「なんで私ですか」と言うなら、まだ気持ちはわかります。

と、よくない想像ばかりします。

「捨てられるに違いない」

「だまされているに違いない」

シンデレラが、魔法使いのおばあさんに「お城に連れていってあげよう」と言われて、「なんで私ですか」とは言いません。

桃太郎の桃が流れてきた時に、おばあさんが「なんで私のところに流れてきた？」と言うのもヘンです。

せっかくの幸運を逃がすのが、グズグズする人なのです。

不運を恐れているだけではありません。

幸運も恐れているのです。

「自分に幸運なことが起こるはずはない」と思い込んでいるからです。

グズグズする人は、幸運を目の前にすると、

「きっとまた私はつらい思いをするだろう。それなら、桃を流してしまえ」

「後で悲しみたくないから、魔法使いからのお誘いを断ってしまえ」

と考えます。

いいことが起きた時に、「これこそ千載一遇のチャンスだ。後はどうなるかわからないけど、これに乗っておかないと損」と思えるのが、グズグズしない人なのです。

グズグズしない人の習慣

56

いいことが起こった時に、グズグズ言わない。

自分のためのイエスマン。相手のための協調性。

グズグズしない人になるためには、協調性を持つ必要があります。

アーティストは、サラリーマンと違って協調性は必要ないと考えがちです。

実際は、バイオリニストが伸びるために必要な条件も、才能と協調性の2つです。

オーケストラで大切なことはハーモニーです。

「私が、私が」「指揮者は見ない」と言われても、ほかの楽器もある中でのバイオリンなので、オーケストラの曲がおかしくなります。

指揮者は、オーケストラの中では長生きです。

一番短命なのが第1バイオリンです。

指揮者がいて、オーケストラの中のコンサートマスターが第1バイオリンです。

演奏が終わって、指揮者と握手するのが第1バイオリンです。

第1バイオリンは中間管理職なのです。

指揮者とメンバーをつなぐ役割が第1バイオリンです。

だからこそ、協調性が必要なのです。

「イエスマンと協調性は何が違うんですか」と聞く人がいます。

イエスマンとは、自分を守るためにガマンする人です。

協調性とは、相手を守るためにガマンすることです。

自分の利益のために行動するのがイエスマンで、相手の利益のために行動するのが協調性です。

イエスマンではなく、協調性を持つ人が、グズグズしない人になれるのです。

グズグズしない人の習慣
57
イエスマンになるより、協調性を持とう。

クリーンヒットより、手数。

グズグズする人は、仕事をする時にクリーンヒットを目指します。

グズグズしない人は、手数を増やそうとします。

たとえば、本を出そうとした時に「ベストセラーしか出さない」ということになりました。「これはベストセラーになるかな」と考えてばかりいると、企画の数が減ります。確実にベストセラーになりそうなものは、とんがりや角のない普通の企画になってしまいます。

実際は、手数を多くすると、まぐれで、いいタイミングで当たることがあります。

大切なのは手数を増やすことです。ボクシングでも、クリーンヒットの数か手数の多さかで議論になります。クリーンヒットを狙っていくと手数が減るので、判定が悪くなるのです。戦意がないと判断されるからです。

どんな仕事も、事前にうまくいくかどうかはわかりません。だからこそ、仕事は手数を増やす必要があるのです。手数を増やすことのよさは、手数の多い人のほうがクリーンヒットが多いことです。慣れが生まれるからです。

モテない人は、異性と話すことと、モテることに慣れていないのです。

突然、王子様に選ばれると、慣れていないために、「詐欺に違いない」「どんでん返しがあるに違いない」「こんなにうまくいくはずがない。ここは断っておこう」と考えます。

手数を増やしていくことによって、慣れをつくっていけばいいのです。

成功にも失敗にも慣れて、自分の勘を磨いていくのです。それによって、うまくいかなかった時の粘る力、耐える力も身につけることができるのです。

グズグズしない人の習慣

58

手数を増やそう。

「なぜ会ってくれないか」より、「なぜ会ってくれるか」だ。

恋愛で「彼がなぜ会ってくれないんでしょう」とグズグズ言う人がいます。

答えは単純です。会う理由がないからです。

「会うこと」は前提になりません。「会わないこと」が前提です。

そもそも会う必要はないのです。

グズグズしない人は、「私になぜ会ってくれるんだろう」と考えます。

その疑問を持つと、「そうか、彼が面白いことを言った時に、私が凄い笑うからかな」という仮説が生まれます。

実際に彼に「私となぜ会ってくれるんですか」と聞いてみればいいのです。

すると、「だって、面白いことを言った時に笑ってくれるから」「落ち込んでいる時に笑わせるだろう。そうしたら凄い笑ってくれるから、励ましようがあるなと思うから」と、彼が理由を教えてくれます。

最もよくない質問は、「なぜ会ってくれないんですか」と聞くことです。

アンケートで多いのは、「1冊目は買ってもらえたのに、なぜ2冊目は買ってもらえないんですか」という質問です。

たとえば、お客様が美容院に1回来ました。

お店には来店者のデータが残っています。

お店の人が、「もうそろそろ来るころかな」と思っているお客様が来ません。

よそのお店に行っている可能性があるので、「お見えにならないようなのですが、何がいけなかったんでしょう」と、メールで連絡しました。

そのメールに対して、お客様は「たまたまちょっと職場との交通の問題で……」とか、理由を何か言います。

それは、単なる口実です。

「料金がもう少し安ければいいんですけど」と言うのも、わかりやすい口実です。

たとえ料金を下げても、そのお客様は来ません。

来ない理由を聞いても、対応策は立てられないのです。

1冊目の本を読んだお客様に「なぜ2冊目を読まなかったんですか」と聞いても、

「料金が高いから」

「じゃ、安くします」

「やっぱり買わない」

という結果になります。

「なぜ買ってくれないんですか」「なぜ来てくれないんですか」というアンケートは意味がありません。それよりは、お客様に「なぜ買ってくれたのですか」「なぜ来てくれたのですか」と聞くほうが参考になるのです。

グズグズしない人の習慣

59

なぜ会ってくれるかを考えよう。

人数を増やすことを求めず、目の前の1人を大切にする。

彼が「別れよう」と言った時に、「自分の何がいけなかったの?」「そういうところがイヤなんだ」「じゃ、そこを直すから」と、やりとりするのは意味がありません。

相性が合わないことではなく、合うことに理由があるのです。

セミナーの講師で、「アンケートに『ぜひまた来ます』と書いた人が二度とあらわれないのはなぜだろう」と聞く人がいます。

たとえば、1回目のセミナーに10人集まりました。

2回目は2人しか来ませんでした。

その2人に「なんで来たの?」聞いたほうがいいです。

10人のうち8人は来ないのに、2人は何かを求めて来たのです。

講師は、2人の求めていることにもっと応えることが大切なのです。

グズグズする人は、来ない人に「なぜ来ない？」と言い続けます。

グズグズしない人は、「なんで来たの？」と聞きます。

たとえば、行列しているラーメン屋さんの隣にある、あまり流行っていないラーメン屋さんにお客様が来ました。その時、お客様に「なぜガラガラのうちのお店に来たんですか」と聞いて、「ここはラーメンは最低だけど、ギョーザがおいしい」と言われたら、他店とはギョーザで勝負すればいいのです。

商品を買ってくれたり、自分と会ってくれるのには理由があります。

そのいい点をほったらかしにしないで、伸ばすことです。

商品を買わないお客様を追いかけていくと、グズグズのスパイラルに入ります。

それが、せっかく来てくれる人を逃がしてしまう結果になるのです。

グズグズしない人の習慣

60

会ってもらえる理由を伸ばそう。

エピローグ

グズグズから抜け出す3S。スピード・スマイル・素直。

グズグズから抜け出すための３Ｓ（スピード・スマイル・素直）があります。

「スピード」で必要なことは、歩くスピード、座っているところから立つスピード、レスポンスを返すスピードです。

「ごはんを食べに行こうか」と言われたら、即「行きます」と言うことが大切です。

タヒチは、観光地で働いているオネエの人が多いです。

オネエのほうが仕事が多いので、お母さんは男の子を小さい時からオネエになるように育てます。

私がタヒチに行った時、アラン君という、かわいい男の子が働いていました。

「アラン、お店は何時までなの？」と言ったとたん、「ヤダーッ、行く。お部屋？」と言われました。

私は「店は何時まで？」と聞いただけです。

それに対して、「ヤダーッ、行く。お部屋？」という立て続けの３連発が即返ってきました。

これがグズグズしない人です。

アランの中では、その先に展開する想像があったのです。

グズグズする人は、「店は何時までですか」と聞かれると、

「平日ですか。土日ですか」

「食事ですか、ドリンクですか」

と言います。

こういうレスポンスの遅さは、めんどくさいのです。

「スマイル」の要素は、明るさ・目線・表情です。

結局、明るい人が誘ってもらえる、雇ってもらえる、指名される、仕事を頼んでもらえるようになります。

表情が豊かな人は明るいのです。

暗い人には、誰も何も頼みません。

暗い人とごはんを食べてもつまらないし、表情のない人もイヤです。

ずっと目線が合わないのもＮＧです。

グズグズする人は、本人の中ではゴキゲンでも、それが表情に出ないのです。

「素直」の要素は、返事・愛嬌《あいきょう》・リスペクトです。

素直な人は「ハイ」と、すぐに返事をします。

「ほら、あそこを見て」と言うと、グズグズする人は、そこを見ないで「何があるんですか」「見たら何があるんですか」と言います。

愛嬌があるのは素直だからです。

リスペクトがあると素直になれます。

上司に「これ、こうしたほうがいいよ」と言われて、「本当ですか」「何％の確率でうまくいきますか」と言う部下はかわいくありません。

3Sは、人を採用する時の基準にもなります。

グズグズしない人は、3Sの要素を持っています。

グズグズすることに、性格は関係ありません。

人間はみんなグズグズして生まれて、学習と経験によってグズグズしない人に変わります。

グズグズしない人になるためには、3Sの経験をどんどん積み重ねればいいのです。

3Sは、練習しないと身につきません。
3Sの習慣を身につけた結果として、グズグズしない人になれるのです。

グズグズしない人の習慣

61

笑うことで、素直になろう。

『「学び」を「お金」にかえる勉強』

【毎日新聞出版】

『あなたのまわりに「いいこと」が起きる70の言葉』
『なぜあの人は心が折れないのか』

【大和出版】

『「しつこい女」になろう。』
『「ずうずうしい女」になろう。』
『「欲張りな女」になろう。』
『一流の準備力』

『昨日より強い自分を引き出す61の方法』**(海竜社)**
『状況は、自分が思うほど悪くない。』**(リンデン舎)**
『好かれる人が無意識にしている言葉の選び方』**(すばる舎リンケージ)**
『好かれる人が無意識にしている気の使い方』**(すばる舎リンケージ)**
『一流のストレス』**(海竜社)**
『成功する人は、教わり方が違う。』**(河出書房新社)**
『一歩踏み出す5つの考え方』
『一流の人のさりげない気づかい』**(KKベストセラーズ)**
『名前を聞く前に、キスをしよう。』**(ミライカナイブックス)**
『ほめた自分がハッピーになる「止まらなくなる、ほめ力」』**(パブラボ)**
『なぜかモテる人がしている42のこと』**(イースト・プレス　文庫ぎんが堂)**
『「ひと言」力。』**(パブラボ)**
『人は誰でも講師になれる』**(日本経済新聞出版社)**
『会社で自由に生きる法』**(日本経済新聞出版社)**
『全力で、1ミリ進もう。』**(文芸社文庫)**
『「気がきくね」と言われる人のシンプルな法則』**(総合法令出版)**
『なぜあの人は強いのか』**(講談社+α文庫)**
『3分で幸せになる「小さな魔法」』**(マキノ出版)**
『大人になってからもう一度受けたいコミュニケーションの授業』**(アクセス・パブリッシング)**
『運とチャンスは「アウェイ」にある』**(ファーストプレス)**
『大人の教科書』**(きこ書房)**
『モテるオヤジの作法2』**(ぜんにち出版)**
『かわいげのある女』**(ぜんにち出版)**
『壁に当たるのは気モチイイ　人生もエッチも』**(サンクチュアリ出版)**
『ハートフルセックス』[新書]**(KKロングセラーズ)**
書画集『会う人みんな神さま』**(DHC)**
ポストカード『会う人みんな神さま』**(DHC)**

[面接の達人]**(ダイヤモンド社)**

『面接の達人　バイブル版』

【PHP文庫】
『もう一度会いたくなる人の話し方』
『お金持ちは、お札の向きがそろっている。』
『たった3分で愛される人になる』
『自分で考える人が成功する』
『大学時代しなければならない50のこと』

【だいわ文庫】
『美人は、片づけから。』
『いい女の話し方』
『「つらいな」と思ったとき読む本』
『27歳からのいい女養成講座』
『なぜか「HAPPY」な女性の習慣』
『なぜか「美人」に見える女性の習慣』
『いい女の教科書』
『いい女恋愛塾』
『やさしいだけの男と、別れよう。』
『「女を楽しませる」ことが男の最高の仕事。』
『いい女練習帳』
『男は女で修行する。』

【学研プラス】
『美人力』(ハンディ版)
『嫌いな自分は、捨てなくていい。』

【阪急コミュニケーションズ】
『いい男をつかまえる恋愛会話力』
『サクセス＆ハッピーになる50の方法』

【あさ出版】
『なぜ あの人はいつも若いのか。』
『孤独が人生を豊かにする』
『「いつまでもクヨクヨしたくない」とき読む本』
『「イライラしてるな」と思ったとき読む本』

【きずな出版】
『イライラしない人の63の習慣』
『悩まない人の63の習慣』
『いい女は「涙を背に流し、微笑みを抱く男」とつきあう。』
『いい女は「紳士」とつきあう。』
『いい女は「言いなりになりたい男」とつきあう。』
『いい女は「変身させてくれる男」とつきあう。』
『ファーストクラスに乗る人の自己投資』
『ファーストクラスに乗る人の発想』
『ファーストクラスに乗る人の人間関係』
『ファーストクラスに乗る人の人脈』
『ファーストクラスに乗る人のお金2』
『ファーストクラスに乗る人の仕事』
『ファーストクラスに乗る人の教育』
『ファーストクラスに乗る人の勉強』
『ファーストクラスに乗る人のお金』
『ファーストクラスに乗る人のノート』
『ギリギリセーーフ』

【ぱる出版】
『品のある稼ぎ方・使い方』
『察する人、間の悪い人。』
『選ばれる人、選ばれない人。』
『一流のウソは、人を幸せにする。』
『セクシーな男、男前な女。』
『運のある人、運のない人』
『器の大きい人、小さい人』
『品のある人、品のない人』

【リベラル社】
『50代がもっともっと楽しくなる方法』
『40代がもっと楽しくなる方法』
『30代が楽しくなる方法』
『チャンスをつかむ 超会話術』
『自分を変える 超時間術』
『一流の話し方』
『一流のお金の生み出し方』
『一流の思考の作り方』
『一流の時間の使い方』

【秀和システム】
『楽しく食べる人は、一流になる。』
『一流の人は、〇〇しない。』
『ホテルで朝食を食べる人は、うまくいく。』
『なぜいい女は「大人の男」とつきあうのか。』
『服を変えると、人生が変わる。』

【日本実業出版社】
『出会いに恵まれる女性がしている63のこと』
『凛とした女性がしている63のこと』
『一流の人が言わない50のこと』
『一流の男　一流の風格』

【主婦の友社】
『あの人はなぜ恋人と長続きするのか』
『あの人はなぜ恋人とめぐりあえるのか』
『輝く女性に贈る 中谷彰宏の運がよくなる言葉』
『輝く女性に贈る　中谷彰宏の魔法の言葉』

【水王舎】
『「人脈」を「お金」にかえる勉強』

【あさ出版】
『気まずくならない雑談力』
『人を動かす伝え方』
『なぜあの人は会話がつづくのか』

【学研プラス】
『頑張らない人は、うまくいく。』
『見た目を磨く人は、うまくいく。』(文庫)
『セクシーな人は、うまくいく。』
文庫『片づけられる人は、うまくいく。』
『なぜ あの人は2時間早く帰れるのか』
『チャンスをつかむプレゼン塾』
文庫『怒らない人は、うまくいく。』
『迷わない人は、うまくいく。』
文庫『すぐやる人は、うまくいく。』
『シンプルな人は、うまくいく。』
『見た目を磨く人は、うまくいく。』
『決断できる人は、うまくいく。』
『会話力のある人は、うまくいく。』
『片づけられる人は、うまくいく。』
『怒らない人は、うまくいく。』
『ブレない人は、うまくいく。』
『かわいがられる人は、うまくいく。』
『すぐやる人は、うまくいく。』

【リベラル社】
『問題解決のコツ』
『リーダーの技術』

『速いミスは、許される。』**(リンデン舎)**
『歩くスピードを上げると、頭の回転は
速くなる。』**(大和出版)**
『結果を出す人の話し方』**(水王舎)**
『一流のナンバー2』**(毎日新聞出版社)**
『なぜ、あの人は「本番」に強いのか』
(ぱる出版)
『「お金持ち」の時間術』
(二見書房・二見レインボー文庫)
『仕事は、最高に楽しい。』**(第三文明社)**
『「反射力」早く失敗してうまくいく人の習慣』
(日本経済新聞出版社)
『伝説のホストに学ぶ82の成功法則』
(総合法令出版)
『リーダーの条件』**(ぜんにち出版)**
『転職先はわたしの会社』**(サンクチュアリ出版)**
『あと「ひとこと」の英会話』**(DHC)**

[恋愛論・人生論]

【ダイヤモンド社】
『なぜあの人は感情的にならないのか』
『なぜあの人は逆境に強いのか』
『25歳までにしなければならない59のこと』
『大人のマナー』
『あなたが「あなた」を超えるとき』
『中谷彰宏金言集』
『「キレない力」を作る50の方法』
『30代で出会わなければならない50人』
『20代で出会わなければならない50人』
『あせらず、止まらず、退かず。』
『明日がワクワクする50の方法』
『なぜあの人は10歳若く見えるのか』
『成功体質になる50の方法』
『運のいい人に好かれる50の方法』
『本番力を高める57の方法』
『運が開ける勉強法』
『ラスト3分に強くなる50の方法』
『答えは、自分の中にある。』
『思い出した夢は、実現する。』
『面白くなければカッコよくない』
『たった一言で生まれ変わる』
『スピード自己実現』
『スピード開運術』
『20代自分らしく生きる45の方法』
『大人になる前にしなければならない
50のこと』
『会社で教えてくれない50のこと』
『大学時代しなければならない50のこと』
『あなたに起こることはすべて正しい』

【PHP研究所】
『なぜあの人は、しなやかで強いのか』
『メンタルが強くなる60のルーティン』
『なぜランチタイムに本を読む人は、成功する
のか。』
『中学時代にガンバれる40の言葉』
『中学時代がハッピーになる30のこと』
『14歳からの人生哲学』
『受験生すぐにできる50のこと』
『高校受験すぐにできる40のこと』
『ほんのささいなことに、恋の幸せがある。』
『高校時代にしておく50のこと』
『中学時代にしておく50のこと』

中谷彰宏　主な作品一覧

[ビジネス]

【ダイヤモンド社】

『50代でしなければならない55のこと』
『なぜあの人の話は楽しいのか』
『なぜあの人はすぐやるのか』
『なぜあの人の話に納得してしまうのか[新版]』
『なぜあの人は勉強が続くのか』
『なぜあの人は仕事ができるのか』
『なぜあの人は整理がうまいのか』
『なぜあの人はいつもやる気があるのか』
『なぜあのリーダーに人はついていくのか』
『なぜあの人は人前で話すのがうまいのか』
『プラス1%の企画力』
『こんな上司に叱られたい。』
『フォローの達人』
『女性に尊敬されるリーダーが、成功する。』
『就活時代しなければならない50のこと』
『お客様を育てるサービス』
『あの人の下なら、「やる気」が出る。』
『なくてはならない人になる』
『人のために何ができるか』
『キャパのある人が、成功する。』
『時間をプレゼントする人が、成功する。』
『ターニングポイントに立つ君に』
『空気を読める人が、成功する。』
『整理力を高める50の方法』
『迷いを断ち切る50の方法』
『初対面で好かれる60の話し方』
『運が開ける接客術』
『バランス力のある人が、成功する。』
『逆転力を高める50の方法』
『最初の3年その他大勢から抜け出す
50の方法』
『ドタン場に強くなる50の方法』
『アイデアが止まらなくなる50の方法』
『メンタル力で逆転する50の方法』
『自分力を高めるヒント』
『なぜあの人はストレスに強いのか』
『スピード問題解決』
『スピード危機管理』
『一流の勉強術』
『スピード意識改革』
『お客様のファンになろう』
『なぜあの人は問題解決がうまいのか』
『しびれるサービス』
『大人のスピード説得術』
『お客様に学ぶサービス勉強法』
『大人のスピード仕事術』
『スピード人脈術』
『スピードサービス』
『スピード成功の方程式』
『スピードリーダーシップ』
『出会いにひとつのムダもない』
『お客様がお客様を連れて来る』
『お客様にしなければならない50のこと』
『30代でしなければならない50のこと』
『20代でしなければならない50のこと』
『なぜあの人は気がきくのか』
『なぜあの人はお客さんに好かれるのか』
『なぜあの人は時間を創り出せるのか』
『なぜあの人は運が強いのか』
『なぜあの人はプレッシャーに強いのか』

【ファーストプレス】

『「超一流」の会話術』
『「超一流」の分析力』
『「超一流」の構想術』
『「超一流」の整理術』
『「超一流」の時間術』
『「超一流」の行動術』
『「超一流」の勉強法』
『「超一流」の仕事術』

【PHP研究所】

『もう一度会いたくなる人の聞く力』
『[図解]仕事ができる人の時間の使い方』
『仕事の極め方』
『[図解]「できる人」のスピード整理術』
『[図解]「できる人」の時間活用ノート』

【PHP文庫】

『入社3年目までに勝負がつく77の法則』

【オータパブリケイションズ】

『レストラン王になろう2』
『改革王になろう』
『サービス王になろう2』

著者紹介

中谷彰宏（なかたに・あきひろ）

1959年、大阪府生まれ。早稲田大学第一文学部演劇科卒業。84年、博報堂に入社。ＣＭプランナーとして、テレビ、ラジオＣＭの企画、演出をする。91年、独立し、株式会社中谷彰宏事務所を設立。ビジネス書から恋愛エッセイ、小説まで、多岐にわたるジャンルで、数多くのロングセラー、ベストセラーを送り出す。「中谷塾」を主宰し、全国で講演・ワークショップ活動を行っている。

■公式サイト　http://www.an-web.com/

本の感想など、どんなことでも、
あなたからのお手紙をお待ちしています。
僕は、本気で読みます。　　中谷彰宏

〒162-0816　東京都新宿区白銀町1-13
きずな出版気付　中谷彰宏行
※食品、現金、切手などの同封は、ご遠慮ください（編集部）

中谷彰宏は、盲導犬育成事業に賛同し、この本の印税の一部を（公財）日本盲導犬協会に寄付しています。

グズグズしない人の61の習慣

2018年3月1日　第1刷発行

著　者　　中谷彰宏

発行者　　櫻井秀勲
発行所　　きずな出版
東京都新宿区白銀町1-13　〒162-0816
電話03-3260-0391　振替00160-2-633551
http://www.kizuna-pub.jp/

装　幀　　福田和雄（FUKUDA DESIGN）
編集協力　ウーマンウエーブ
印刷・製本　モリモト印刷

©2018 Akihiro Nakatani, Printed in Japan
ISBN978-4-86663-025-0

きずな出版

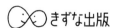

中谷彰宏の好評シリーズ

ファーストクラスに乗る人の勉強

自分を乗せる58の方法
そんなことやって何になるの、という勉強が面白い――勉強したいけどお金がない人、勉強したいけど時間がない人、勉強したいけど何を勉強すればいいかわからない人に、読めば勉強がしたくなる勉強の極意。

ファーストクラスに乗る人の人脈

人生を豊かにする友達をつくる65の工夫
一人になると、味方が現れる――わずらわしい人間関係から解放されたい人、人生を豊かにする出会いをしたい人、出会った人と長続きするおつき合いをしたい人へ。人脈が友達の数ではないことに気づく。

ファーストクラスに乗る人の人間関係

感情をコントロールする57の工夫
はじめ嫌いで今は好き、が一番長く続く――友達は増えたけどわずらわしい人、友達が減ると寂しい人、悪口を言いふらされて凹んだ人へ。人間関係に振りまわされない考え方のヒント。

ファーストクラスに乗る人の発想

今が楽しくなる57の具体例
まず1カ所、ほめるところを見つけよう――みんなと同じ発想から抜け出したい人、ピンチになったとき楽しむ余裕を持ちたい人、昨日と違う自分に生まれ変わりたい人へ。常識のちゃぶ台をひっくり返そう。

ファーストクラスに乗る人の自己投資

このままでは終わらせない63の具体例
短期のデメリットは、長期のメリットになる――何に投資したらいいかわからない人、自己投資しているのにリターンがないと焦っている人へ、自分にとっての「自己投資」とは何かがわかる本。

各1400円（税別）

書籍の感想、著者へのメッセージは以下のアドレスにお寄せください
E-mail：39@kizuna-pub.jp

http://www.kizuna-pub.jp